TECHNIQUES ET PRATIQUES DE CLASSE

Élisabeth Louveau • François Mangenot

Internet

et la classe de langues

Directrice d'ouvrage
Dominique Abry

CLE
INTERNATIONAL

Crédits photographiques :
Couverture : g Matthias Jung/LAIF-REA – m F. Maigrot/REA – d Romain Degoul/REA

Direction éditoriale : Michèle Grandmangin
Édition : Dominique Colombani
Conception maquette et mise en pages : Alinéa
Couverture : Alinéa
Correction : Jean Pencreac'h

ISBN : 978-2-09-033069-4

Sommaire

DEUXIÈME PARTIE

SCÉNARIOS D'EXPLOITATION PÉDAGOGIQUE

Avant-propos

Internet constitue indubitablement une des principales innovations ayant vu le jour au XXe siècle. Il n'est plus guère de domaines de la vie courante, professionnels, privés ou de loisirs, qui échappent à son influence. L'apprentissage des langues n'est pas épargné par cette vague de fond, et les ressources en ligne permettant d'aider cet apprentissage se multiplient de manière exponentielle, au point qu'il est souvent difficile de s'y retrouver... La grande majorité des enseignants est aujourd'hui convaincue qu'il est impossible de ne pas tenir compte de cette technologie, mais nombreux sont ceux que déroutent le foisonnement des sites et la multiplication des outils.

Cet ouvrage se fixe comme objectif général d'aider les enseignants et les institutions d'enseignement dans le domaine des langues à tirer au mieux parti des possibilités offertes par les technologies Internet, tant dans leur dimension d'**information** que dans celle de **communication**. Pour atteindre cet objectif, il propose d'une part une réflexion sur Internet et sur la **pédagogie multimédia** (première partie, composée de quatre chapitres), il fournit d'autre part des exemples concrets d'intégration d'Internet dans l'apprentissage des langues, sous la forme de **scénarios pédagogiques** (seconde partie, vingt scénarios). Ces derniers, bien que concernant le français langue étrangère, sont pour la plupart facilement transposables à d'autres langues.

On vient d'évoquer la notion de **pédagogie multimédia**. Celle-ci peut se concevoir de diverses manières. Pour certains, l'apprentissage des langues assisté par ordinateur (en anglais, *Computer Assisted Language Learning*) consiste surtout à concevoir des activités autocorrectives que les apprenants utilisent en autodidaxie ; l'ordinateur est alors plus ou moins un substitut (ou un complément) de l'enseignant, pour certaines activités. Les CD-Roms de langues et les cours de langue en ligne se situent la plupart du temps dans cette logique de **l'ordinateur tuteur**. Pour d'autres, dont font partie les auteurs de ce livre, le potentiel des technologies multimédia réside surtout dans la richesse des contenus utilisables en langues et dans la puissance des outils de communication. L'enseignant garde alors un rôle central : c'est le plus souvent lui qui sélectionnera les ressources en fonction d'objectifs précis et qui imaginera les **scénarios de communication** (voir chapitre 3) mis en œuvre grâce aux nouveaux outils ; c'est encore lui, et non la machine, qui évaluera les productions des apprenants, productions à la fois ouvertes et inscrites dans un circuit de communication. L'approche centrée sur les tâches, préconisée à la fois par le *Cadre européen commun de référence pour les langues* et par les didacticiens anglo-saxons (Nunan, 1989, Ellis, 2003), constitue alors le fondement d'une exploitation efficace d'Internet.

Il convient cependant de croiser cette approche avec un examen précis et attentif des **spécificités** des **ressources multimédia** et des **outils de communication** ; on ne peut pas considérer qu'il soit équivalent de consulter un document papier ou un site Internet, de communiquer en classe ou de communiquer en ligne, d'enseigner en classe ou de tutorer à distance ou en salle informatique.

Quelles tâches, appuyées sur quelles ressources Internet et pour quelle communication, en classe ou en ligne ? Telle est la question centrale à laquelle tentera de répondre cet ouvrage.

Concernant la **formation** à cette pédagogie multimédia, formation comportant certes une dimension technologique mais n'oubliant à aucun moment la dimension didactique, on peut envisager le passage par différentes étapes. Nous invitons le lecteur à se situer par rapport aux huit stades décrits ci-dessous.

• Stade de découverte de la technologie Internet : savoir envoyer un courriel, taper l'adresse d'un site dans un navigateur, naviguer sur la Toile, mémoriser le lien vers un site.

• Stade de familiarisation avec la technologie Internet : navigation plus fine et plus critique, utilisation d'autres outils de communication que le courrier électronique, sauvegarde de pages et d'images trouvées sur la Toile pour les réutiliser comme documents pour la classe, etc.

• Stade d'utilisation avec sa classe de scénarios ou de tâches fermées réalisés par d'autres (par exemple, les scénarios proposés en seconde partie de l'ouvrage).

• Stade plus critique de sélection de ressources pédagogiques, voire de ressources brutes, pouvant convenir à un public précis et à des objectifs bien définis.

• Capacité à prendre un scénario existant et à le modifier en fonction de besoins spécifiques. Les scénarios présents dans ce livre peuvent ainsi parfaitement être adaptés à différents publics et différentes situations.

• Capacité à concevoir de nouveaux scénarios.

• Capacité à concevoir un dispositif utilisant Internet, une partie du travail se réalisant en classe, une autre partie en dehors du face-à-face pédagogique.

• Capacité à créer des contenus interactifs en ligne, à l'aide de générateurs d'exercices, d'une plateforme de formation en ligne et/ou d'un logiciel de création Web.

Précisons d'emblée que cet ouvrage ne vise pas le dernier stade, celui-ci demandant des compétences technologiques qui ne peuvent s'acquérir qu'à travers une formation spécialisée en multimédia pour les langues (stages pédagogiques d'été, masters spécialisés, etc.). À l'opposé, on considérera ici que le premier stade est à peu près acquis, le lecteur ayant déjà une adresse de courrier électronique et ayant déjà « surfé » sur la Toile. Par contre, tout enseignant se situant entre le second et le septième stade devrait pouvoir tirer profit de cet ouvrage, chacun selon ses compétences de départ et ses besoins.

Le **chapitre un** s'adresse surtout aux personnes n'ayant pas encore une grande aisance dans l'utilisation d'Internet, il pourra être survolé par les autres. Les **chapitres deux et trois** couvrent pour leur part les étapes trois à six (voir ci-dessus) : leur lecture attentive, jointe à la pratique d'Internet (tout d'abord seul, puis avec des élèves), devrait faire progresser le lecteur jusqu'à la capacité à concevoir de nouveaux scénarios. Le **chapitre quatre**, enfin, dépasse la problématique du groupe classe pour aborder les questions d'auto-apprentissage, de formation hybride et de formation à distance.

Les **scénarios**, précédés de leur mode d'emploi (**chapitre 5**), permettent de se lancer très vite dans l'exploitation d'Internet avec des élèves, mais ils sont également fournis pour servir de modèle à la création de nouvelles activités pédagogiques : le lecteur est invité à les adapter, à les transformer ou même à en inventer de nouveaux. Il est conseillé d'alterner la lecture des chapitres 3 et 4 avec l'expérimentation des scénarios.

Bonne lecture et bon « surf » !

Première partie

Vers une pédagogie multimédia

Chapitre 1 Caractérisation d'Internet

Le lecteur de cet ouvrage a certainement déjà envoyé et reçu des **courriels**[1] et a sans doute eu l'occasion de naviguer (ou « surfer ») sur **la Toile**[2]. Il s'agit là des deux applications les plus répandues d'Internet. Mais derrière ces fonctionnalités accessibles depuis tout ordinateur connecté au réseau, quelle infrastructure, quel format des données, quelle organisation, quelles technologies ? C'est à ces questions de base, cruciales si l'on veut faire un bon usage d'Internet et éviter trop de pertes de temps, que ce premier chapitre va tenter de répondre.

TECHNOLOGIES DE L'INFORMATION ET DE LA COMMUNICATION

L'acronyme TIC (technologies de l'information et de la communication), qui s'est imposé vers le milieu des années 1990 en remplacement de l'expression « nouvelles technologies », a été judicieusement choisi. Il pointe en effet deux dimensions bien spécifiques du réseau Internet, même si elles s'entremêlent parfois : la dimension d'**information** et celle de **communication**, la recherche de contenus ou bien le souhait d'échanger, la métaphore de la bibliothèque ou bien celle du téléphone ou de la lettre. Le chapitre suivant abordera ces deux dimensions, mais on peut tout d'abord se demander quels en sont les points communs.

La nouveauté des TIC

La nouveauté des TIC par rapport aux technologies antérieures provient de la numérisation des données ; cela signifie que toute l'information contenue dans un texte, un son, une photo, une vidéo va être représentée sous forme binaire, à savoir une succession de 0 et de 1 ; c'est ce qui en permet le stockage (et la reproduction fidèle) sur divers supports, cartes, disque dur, CD-Rom et DVD-Rom, clés USB, etc. La numérisation permet également la manipulation de ces données (la retouche de photos, par exemple) et surtout leur délocalisation, leur envoi (ou mise à disposition) quasi instantané à autant de destinataires que l'on souhaite.

1. Depuis 2003, ce terme, québécois à l'origine, est proposé officiellement en France, comme traduction d'« e-mail ».
2. Traduction littérale de « Web » ou « World Wide Web », que nous utiliserons de préférence au terme anglais.

Le multimédia

Le terme **multimédia** a justement été forgé pour souligner le fait que texte, image (fixe et animée) et son pouvaient désormais être stockés sur un support unique, le tout étant régi par un système informatique permettant **l'interactivité**. Celle-ci constitue un autre phénomène nouveau, puisqu'elle va permettre à l'utilisateur de rétroagir sur le système, ce qui n'était pas possible avec les technologies antérieures. Cependant, comme le dit Lancien[3], « la question essentielle est de savoir si l'interactivité technologique va pouvoir générer des interactions intéressant les opérations d'apprentissage ». On reviendra sur cette question aux chapitres suivants. Le même auteur, outre l'interactivité, voit trois autres spécificités dans le multimédia : la **multicanalité**, la **multiréférentialité** et l'**hypertextualité**.

Il désigne par **multicanalité** le fait que coexistent sur un même support différents canaux de communication (texte, son, image fixe et animée), supports qui n'apparaissent et ne s'agencent qu'à travers un système informatique permettant de les consulter, ce qui place l'utilisateur dans une situation active (il s'agit de la fameuse **interactivité**). Un critère d'évaluation de cette dimension sera alors l'originalité, par rapport aux médias antérieurs (la vidéo, notamment), de cette mise en relation des médias et la variété des choix offerts à l'utilisateur. Certains CD-Rom de langues permettent par exemple de visionner une vidéo avec un sous-titrage dans la langue cible, ces sous-titres pouvant à tout moment être activés pour obtenir des aides lexicales, grammaticales ou même civilisationnelles : l'originalité ici provient du fait que l'utilisateur peut constamment aller et venir entre la langue (description du système) et le discours (la langue en situation, telle que montrée dans la vidéo).

La **multiréférentialité**, pour sa part, est définie comme la possibilité d'obtenir de nombreuses et diverses sources d'information sur un même thème : elle est évidemment très présente sur Internet. On peut en donner une illustration pédagogique : si l'on traite avec les élèves un sujet controversé, comme le nucléaire, il sera facile de trouver sur Internet des sites favorables, d'autres défavorables et d'autres encore ayant une position neutre (informative) par rapport au problème. Une élaboration collective des connaissances devient possible sur la Toile, le meilleur exemple étant l'encyclopédie coopérative *Wikipedia* (http://fr.wikipedia.fr), dans laquelle tout internaute peut venir ajouter des articles ou discuter les articles existants (environ 250 000 articles en français en février 2006).

Quant à l'**hypertextualité**, ou possibilité de consulter des documents de manière non linéaire, elle sera abordée au paragraphe suivant, dans la mesure où il s'agit du principe de base d'organisation de l'information sur la Toile.

3. Lancien T. (1998) *Le Multimédia*. Paris : CLE International.

COMMENT SE PRÉSENTE L'INFORMATION SUR LA TOILE ?

Il est important, pour l'enseignant désireux d'exploiter Internet avec ses élèves, de se faire une idée la plus exacte possible de la manière dont l'information est structurée et répartie sur la Toile. On partira de l'exemple de la création d'un site pour montrer ensuite que les notions de site et de page recouvrent une réalité fluctuante ; on terminera par quelques conseils.

La genèse d'un site

Imaginons un particulier ou une association souhaitant « publier »[4] des contenus sur Internet : la démarche la plus courante consiste à acheter une « adresse », un « nom de domaine », ce qui est à la portée de toutes les bourses (à partir d'une dizaine d'euros), ou bien à profiter des offres gratuites (au prix tout de même de bandeaux publicitaires...) des prestataires de service qui vous proposent entre cinquante et cent mégaoctets d'espace personnel (free.fr, freeesurf.fr, lycos.fr, voila.fr, par exemple). Puis il faudra réfléchir à la structure du site à créer : comment répartir l'information en « pages », comment organiser la navigation d'une page à l'autre (liens dits « internes » au site), quels liens prévoir avec le reste de la Toile (liens « externes »). L'étape suivante consistera à réaliser ces pages, en y mettant d'une part des contenus, sous forme de texte, d'images, plus rarement de son et de vidéo, d'autre part des liens vers d'autres pages du même site ou vers d'autres sites ; cette réalisation se fera souvent avec un logiciel spécialisé[5]. Enfin, il s'agira de placer cet ensemble sur le serveur (un ordinateur puissant, toujours connecté au réseau) devant héberger le site et d'en tester le bon fonctionnement.

Une fois le site en ligne, encore faut-il qu'il soit visité : on peut le signaler à d'autres sites de la même famille ; on peut également, de manière invisible pour le surfeur de base, placer des « balises » derrière les pages du site pour que celles-ci soient mieux référencées par les moteurs de recherche ; on peut enfin éventuellement compter sur l'originalité et la qualité du site créé pour qu'il soit repéré et signalé dans les sites portails ou les listes de discussion (voir plus loin) de la même communauté d'intérêts.

---

4. Le terme est en partie exact, puisqu'il s'agit de rendre public, et en partie inexact, puisqu'on associe généralement l'idée de publication à un certain contrôle éditorial, qui n'existe pas dans le cas d'Internet.

5. Netscape Composer, par exemple, est un logiciel gratuit, très simple à utiliser ; les logiciels payants les plus connus sont Dreamweaver, Frontpage et Golive.

Structuration des données sur la Toile

Le site et la page

L'exemple ci-dessus montre le premier niveau de structuration des informations sur la Toile : le niveau du **site** et celui de la **page**. Il s'agit en fait des seuls niveaux que l'on puisse définir objectivement : un site est repérable par son adresse, qui est unique et commence toujours par « http:// » (« HyperText Transfer Protocol ») ; et une page correspond à un fichier, comme ceux que l'on obtient quand on sauvegarde le texte que l'on est en train de rédiger, à ceci près que les éléments multimédias (images, par exemple) qu'elle renferme ne sont pas contenus dans ce fichier mais dans des fichiers séparés[6]. Les pages d'un même site sont reliées entre elles par des liens (liens internes), à savoir des zones sensibles sur lesquelles on peut cliquer pour activer le chargement de la page vers laquelle pointe le lien ; les items des « menus » tels qu'on en voit sur de nombreux sites constituent une forme particulière de lien.

Les choses seraient très simples si, d'une part, une même adresse de base ne pouvait pas héberger plusieurs sites et, d'autre part, si les liens externes (ceux qui mènent d'un site vers un autre) pointaient toujours vers « l'entrée » du site visé et affichaient un avertissement du type « vous quittez maintenant le site x pour entrer sur le site y[7] ». Approfondissons ces deux points.

Sites et « sous-sites »

Un site institutionnel, comme celui d'une université (ex. : http://www.u-grenoble3.fr), comporte très souvent une multitude de sous-ensembles qui seront identifiés comme des sites à part entière par les utilisateurs : c'est le cas, par exemple, du site du Centre universitaire d'études françaises, de celui de tel ou tel laboratoire de recherche, voire du site de tel ou tel enseignant (par exemple, l'*Espace pédagogique FLE*[8], réalisé par F. Mangenot et hébergé par Grenoble 3). Le problème consiste alors à déterminer à partir de quel moment on peut considérer que l'on a affaire à un site à part entière. Aucun élément objectif ne permet de prendre une telle décision. La seule solution consiste à se placer du point de vue de l'utilisateur potentiel : si celui-ci s'intéresse spécifiquement à l'utilisation des TIC dans l'enseignement du FLE, il pourra alors considérer l'*Espace pédagogique FLE* comme un site à part entière, bien que celui-ci fasse partie du site de Grenoble 3 et contienne des éléments assez disparates ; s'il en possède l'adresse,

6. C'est la raison pour laquelle, avec Windows, quand on sauvegarde sur son ordinateur une page comprenant des images, on obtient d'une part un fichier (par ex. « xxx.html »), d'autre part un dossier nommé « xxx_fichiers » dans lequel vont se placer les images.
7. Certains sites pratiquent ce genre d'avertissement. Par exemple, *Wikipedia* signale les « liens externes ».
8. http://www.u-grenoble3.fr/espace_pedagogique

il ne « passera » pas par la page d'entrée du site de l'université. En dehors des sites de base (dans notre exemple, celui de Grenoble 3), ce qui constitue ou ne constitue pas un site ne peut être défini qu'en se plaçant du point de vue des utilisateurs potentiels et de leurs intérêts et motivations : en règle générale, un ensemble de pages reliées et situées sur un même serveur, possédant une cohérence thématique et une « page d'entrée » annonçant les contenus, peut être considéré comme un site, même si cet ensemble dépend lui-même d'un ensemble plus vaste. On verra au chapitre suivant que les choses se compliquent parfois quand on parle de « ressources pédagogiques », celles-ci comportant souvent une ou plusieurs pages (avec notamment les consignes) sur un site et des liens vers d'autres sites (non pédagogiques).

Passage d'un site à un autre

Le second problème, lié au premier, provient du fait que de très nombreux liens externes ne pointent pas vers l'entrée d'un site mais vers des pages précises contenues dans ce site. Pire, on ne se rend pas toujours compte que l'on quitte un site et que l'on entre sur un autre. Prenons un exemple. Certains sites indiquent directement l'adresse de tel ou tel scénario pédagogique réalisé par une étudiante de Grenoble 3 (par exemple, un site de l'Académie de Nancy pointe directement vers le scénario « Tintin au Tibet »[9]). Cette façon de procéder, si elle permet un accès direct à une page que l'on souhaite citer, possède également des inconvénients : avant tout, la page citée n'apparaît plus dans le contexte où elle avait été placée par son auteur – dans notre exemple, parmi un ensemble de scénarios réalisés par des étudiants, sur un site réalisé par un enseignant ; cette décontextualisation peut, dans certains cas, modifier le sens d'une page et son interprétation – dans le cas cité, le nom de l'étudiante auteure du scénario se trouve sur une autre page et on ne sait donc pas qui est le « je » qui s'exprime (« Je me suis dit qu'il serait intéressant... »). Ensuite, la page ainsi citée peut ne plus être accessible, si l'auteur du site a modifié son architecture interne. Enfin, cette page elle-même pointe vers des liens externes (dans notre cas, le site officiel de Tintin) : un internaute peut fort bien « entrer » sur cette page, suivre un lien externe (donc, « ressortir » du site *Espace pédagogique FLE*), puis, intéressé par ce qu'il trouve sur cette nouvelle page, modifier l'objectif de sa navigation[10].

Cette **hypertextualité** de la Toile (car c'est bien de cela qu'il s'agit) constitue une incitation au zapping et tout internaute sait qu'il faut de la discipline pour maintenir le cap d'une intention de recherche initiale. Cela dit, il faut égale-

9. http://www.u-grenoble3.fr/espace_pedagogique / tibet.htm
10. Il est fréquent que des internautes considèrent les pages du site de Tintin comme faisant partie du même site que celui où se trouve le scénario.

ment savoir que cette hypertextualité faisait partie des intentions initiales de l'inventeur de la Toile, Tim Bernes-Lee[11], et qu'elle en constitue également un des principaux atouts, dans la mesure où elle tisse un réseau entre tous les contenus présents sur Internet. La plupart des inconvénients ci-dessus peuvent être contournés, si l'on prend certaines précautions qui vont être évoquées ci-après.

QUELQUES CONSEILS AU PÉDAGOGUE INTERNAUTE

On vient de voir que le flou dans les délimitations des sites constitue un des problèmes posés par Internet : quand quelqu'un parle d'un site qu'il a visité, on ne sait souvent pas à quelle réalité il se réfère.

À ce stade, on peut donner une **première série de conseils**.

- **Toujours regarder la barre d'adresse**, ce qui permet de repérer le moment où l'on quitte un site pour entrer sur un autre. Il est souvent utile, pour suivre un lien, de cliquer sur le bouton droit de la souris et de choisir « Ouvrir dans une nouvelle fenêtre » : cela permet d'une part de revenir facilement à son point de départ en refermant la fenêtre (même si on a suivi plusieurs autres liens entre-temps), d'autre part d'être quasiment sûr que l'adresse affichée dans la barre est bien celle correspondant à la page qu'on est en train de visionner.

- **Apprendre à décoder les adresses Internet** (par exemple, repérer les universités, les sites gouvernementaux, etc.). Ce décodage constitue une première information sur la fiabilité des informations consultées.

Exemple : imaginons une recherche sur l'histoire d'Internet. Un moteur de recherche (voir plus loin) fournira un grand nombre de résultats si l'on tape l'expression « Histoire d'Internet ». Certaines pages pointées se révèlent d'un total manque de sérieux, à la fois sur le plan factuel et conceptuel ; d'autres, par contre, sont à la fois claires, concises et bien documentées : ces dernières sont souvent le fait d'institutions universitaires ou scolaires. L'adresse suivante, notamment, fournit un résultat intéressant par sa concision, sa clarté et son exactitude :

http://www.tuteurs.ens.fr/internet/histoire.html.

L'élément de cette adresse qui doit attirer l'attention est « ens.fr », à savoir « École Normale Supérieure », institution reconnue.

- **Savoir retourner à la page d'accueil du site** à partir d'une page pouvant se situer à un certain niveau de profondeur dans un site. Le plus souvent, un bouton, une icône (en forme de maison) ou un item de menu nommé « accueil »

11. Plusieurs historiques d'Internet sont disponibles sur la Toile. Voir notamment les rubriques « hypertexte », « internet » et « world wide web » de *Wikipedia*, qui comportent toutes un historique.

ou « home » permettent ce retour à la page d'accueil. En dehors des sites officiels, on se méfiera des sites qui ne donnent pas facilement accès à une rubrique du type « Qui sommes-nous ? », indiquant les auteurs, les intentions de ceux-ci, le public visé, etc.

Exemple : dans l'adresse indiquée au paragraphe précédent on peut souhaiter savoir qui sont ces « tuteurs » de l'ENS et dans quel contexte ils ont publié leur historique. Les adresses http://www.tuteurs.ens.fr/internet / (on a effacé le dernier élément, « histoire.html ») et http://www.tuteurs.ens.fr (on a effacé deux éléments) fournissent les réponses à ces questions.

• Quand on fournit une adresse Internet à des collègues ou à des élèves, il est souvent préférable d'**utiliser l'adresse de base qui nous fera entrer sur la page d'accueil du site**, quitte à indiquer les choix à effectuer ensuite. Ne pas oublier que la structuration interne d'un site peut toujours être modifiée par ses gestionnaires. Par ailleurs, cette façon de procéder présente l'avantage de conserver le contexte de la page que l'on veut faire consulter. Il faut en outre être conscient que plus une adresse est longue et complexe, moins elle a de chances d'être pérenne.

Exemple : au lieu de donner l'adresse http://www.tv5.org/TV5site/cruci/football.php, dire de taper http://www.tv5.org puis de cliquer sur « langue française », puis « mots croisés », puis « spécial football » dans « grilles thématiques ». C'est cette solution qui a en général été adoptée dans les scénarios présentés en seconde partie de l'ouvrage.

• Copier ou même faire afficher (grâce à un lien) dans son propre site des éléments appartenant à un autre site, si cela est techniquement possible, est déontologiquement douteux et légalement interdit par le droit français. Il est préférable, quand on pointe vers des liens externes, de **faire ouvrir les pages pointées dans une nouvelle fenêtre** : l'internaute se rend ainsi mieux compte qu'il quitte votre site pour un autre[12].

• On évitera en général de lancer les élèves dans des recherches sur Internet[13]. On a vu qu'un problème de fiabilité des informations se posait. Pour l'enseignant de langue existe en outre le problème de la correction linguistique des sites. Apprendre à adopter une attitude critique face à Internet fait certainement partie de la formation des collégiens, lycéens et étudiants, mais cela n'est en général pas du ressort du professeur de langue. Tout cela, ajouté au peu de temps dont on dispose souvent pour les langues, fait qu'il est préférable que l'enseignant fournisse des adresses précises à ses apprenants, plutôt que de les laisser chercher par eux-mêmes.

---

12. Cette fonctionnalité est proposée par tous les logiciels de création de pages Internet.
13. Sauf à leur indiquer les mots clés précis qu'ils doivent taper dans le moteur de recherche, comme nous le faisons parfois dans les scénarios de la deuxième partie de l'ouvrage.

QUELQUES CONSEILS TECHNIQUES

Cette partie n'entend pas se substituer à un guide technique. On trouve d'ailleurs toutes les informations techniques nécessaires sur la Toile. On voudrait simplement pointer ici quelques notions de base qu'il convient de maîtriser si l'on veut se sentir à l'aise avec Internet.

Le problème des « contenus actifs »

Plusieurs langages de programmation rendent maintenant certains sites interactifs, les plus connus étant Java Script et Shockwave Flash. Le problème est que ces programmes peuvent contenir des virus. Outre le fait qu'il est toujours conseillé d'avoir sur son ordinateur un antivirus à jour, il faut savoir que deux types de « pare-feu » (*firewall* en anglais) peuvent vous empêcher d'accéder à ces contenus : le pare-feu de votre ordinateur et celui de votre établissement, si vous êtes connecté à travers un réseau local. Dans le premier cas, vous pouvez facilement modifier les paramètres de votre navigateur et autoriser certains types de contenus (voir l'aide de votre navigateur à la rubrique « sécurité »). Le second cas est plus gênant : vous risquez de ne pas pouvoir avoir accès à certains types de données parce que le responsable du réseau informatique de votre établissement en a décidé ainsi. Il est ainsi fréquent que certaines animations, voire les vidéos et les fichiers sons (ce qui se justifie moins), ne soient pas accessibles. Des négociations seront alors nécessaires et il faudra expliquer qu'Internet perd une partie de son intérêt pour les langues si l'on n'a pas accès à tout ce qui est multimédia.

Les problèmes de plug-in et de formats de fichiers

Un plug-in est un logiciel qui vient compléter votre navigateur pour vous permettre de visionner certains types de données ou pour ajouter de nouvelles fonctionnalités. Les versions récentes de Windows comportent en général tous les plug-in utiles, à la date d'achat de votre ordinateur ; mais quelques mois plus tard, de nouvelles versions seront sorties. Vous serez donc sans doute un jour ou l'autre confronté(e) à ce problème.

Comme pour les contenus actifs, il se peut que vous n'ayez pas l'autorisation de télécharger un plug-in : il faudra alors négocier avec l'administrateur réseau soit pour qu'il vous l'installe lui-même, soit pour qu'il vous donne l'autorisation de le faire. Si vous devez exploiter avec vos élèves un site comportant de la vidéo (ou des animations), vérifiez bien, sur les ordinateurs mêmes que vos élèves utiliseront, si ces documents apparaissent correctement et si le son peut être écouté. Les plug-in peuvent tous être téléchargés gratuitement, dans leur version permettant de consulter les fichiers ; leur version permettant de créer des fichiers est par contre payante.

Les types de fichiers

L'internaute un tant soit peu « débrouillé » a intérêt à savoir reconnaître les types de fichiers, repérables dans Windows par leur extension (les fichiers créés avec Word, par exemple, ont l'extension .doc)[14]. Les moteurs de recherche fournissent en effet maintenant des résultats comprenant des fichiers spécifiques, comme des diaporamas PowerPoint (extension PPT), des documents Adobe Acrobat (PDF), des fichiers Word, fichiers lisibles seulement si on possède le logiciel qui a permis de les créer[15]. À signaler que l'encyclopédie *Wikipedia*, déjà citée, fournit une excellente rubrique à ce sujet (article « extension de fichier ») avec un tableau mettant en regard les extensions et les logiciels correspondants.

Le poids des sons et des images

Si vous créez des contenus sur Internet, il faudra être attentif au « poids » des fichiers image, son et vidéo que vous mettrez en ligne. En effet, tout le monde n'a pas forcément une connexion ADSL ou par câble et de toute façon, le réseau a parfois un débit relativement lent. On considère en général qu'une photo sur une page d'un site ne devrait pas faire plus de 50 ko, à la rigueur le double si on tient vraiment à la qualité ; et qu'il vaut mieux répartir les images sur plusieurs pages plutôt que d'en accumuler un grand nombre sur une même page. Il en va de même pour les sons. Sons et images peuvent être paramétrés pour avoir un « poids » moindre, en contrepartie d'une certaine perte de qualité.

Concernant les sons, il faut savoir que le format WAV, proposé par défaut par le magnétophone de Windows, est extrêmement lourd, et que Windows ne propose pas le format MP3 en enregistrement. On aura donc intérêt à utiliser un logiciel MP3 gratuit, comme Audacity, téléchargeable en ligne[16]. Et à « échantillonner » les enregistrements de telle sorte que les fichiers obtenus soient le plus « légers » possible.

Pour les images, c'est un peu le même principe. Imaginons que vous ayez des photos numériques, prises avec un bon appareil, à mettre en ligne. Vos fichiers initiaux auront probablement entre 400 et 1000 ko et il faudra les réduire, en redimensionnant l'image ; tous les logiciels de traitement d'image permettent de le faire, notamment ceux qui sont fournis avec les appareils photo numériques.

---

14. Par défaut, Windows « masque » les extensions de fichiers ; il est conseillé de modifier ce paramètre (Panneau de configuration/Options des dossiers/Affichage, décocher « Masquer les extensions des fichiers dont le type est connu »).
15. On trouve cependant sur le site de Microsoft des lecteurs gratuits permettant de consulter (mais pas de modifier) les fichiers .doc et PPT. Adobe Acrobat fournit aussi un lecteur gratuit.
16. http://audacity.sourceforge.net

Le navigateur

Le navigateur livré avec Windows, *Internet Explorer*, présente l'avantage de n'avoir besoin d'aucune installation. Mais le fait qu'il soit indissociablement lié au système d'exploitation Windows (ce qui a d'ailleurs valu des procès à Microsoft) présente un certain nombre d'inconvénients, touchant notamment à la sécurité et à la gestion des plug-in. Il est tout à fait possible d'utiliser un autre navigateur, par exemple *Mozilla Firefox*, gratuit et très simple à télécharger et à installer (http://www.mozilla-europe.org/fr/); ce logiciel semble par ailleurs mieux gérer les problèmes de pare-feu et de plug-in.

Chapitre 2 Internet, rechercher et communiquer

Le principal type d'exploitation pédagogique d'Internet auquel cet ouvrage voudrait préparer les enseignants, à savoir l'utilisation, avec les élèves, de **scénarios pédagogiques**, ne requiert pas une grande familiarité avec Internet si l'on se contente d'utiliser les scénarios proposés. Mais on peut vouloir d'une part modifier ou enrichir ces derniers ou même inventer de nouveaux scénarios, d'autre part se servir d'Internet dans le cadre de la préparation de cours classiques. Dans ces deux cas, l'enseignant sera amené à effectuer des **recherches sur la Toile** et à pratiquer certains **outils de communication**[1]. Ce chapitre a pour objectif de faciliter ces tâches; il le fait bien sûr dans la perspective de l'enseignant de langue.

LA RECHERCHE D'INFORMATIONS SUR INTERNET

Internet comporte des centaines de millions de sites et des dizaines de milliards de pages : trouver une information précise peut s'apparenter à chercher une aiguille dans une botte de foin. Heureusement, il existe des outils destinés à faciliter la tâche ; ceux-ci peuvent être classés en trois grandes familles, que l'on abordera successivement : les **sites portails**, les **annuaires** et les **moteurs de recherche**. L'ordre de présentation va du plus simple au plus complexe.

Les sites portails

◗ Définition et critères de choix

Une bonne solution pour l'internaute débutant souhaitant trouver rapidement des contenus consiste à se servir du travail de référencement et de classement déjà effectué par d'autres, dans le domaine qui l'intéresse. Il existe ainsi, pour de nombreux domaines, des **sites portails** qui sont autant de cartographies des contenus d'Internet. L'Agence wallonne des télécommunications[2], sur un site se qualifiant lui-même de « portail des TIC », propose la définition suivante : l'objectif d'un site portail est d'offrir un point d'entrée unique et reconnu vers les informations et des contenus dont les internautes ont besoin. Interface universelle, le portail répond à cette question classique : comment trouver l'information dont j'ai besoin sur l'Internet ?

1. Deux *Dossiers de l'ingénierie éducative* du CNDP, les n° 28 et 29, sont consacrés à ces deux dimensions d'Internet. On peut les télécharger gratuitement : http://www.cndp.fr/dossiersie.
2. http://www.awt.be

Au début d'Internet, l'essentiel des portails étaient de type généraliste. Leur but était de rassembler en un lieu unique le plus grand nombre de ressources et de liens vers d'autres sites, afin de générer un trafic très important. Avec le succès extraordinaire d'Internet et la croissance phénoménale du nombre de sites disponibles, sont apparus des sites portails spécialisés. Leur objectif est de fédérer des communautés d'intérêt autour de thèmes parfois très précis (bourse, économie, art, sport, tourisme, région, etc.).

Un site portail sera d'autant plus efficace que ses **objectifs** et le **public visé** seront précisés à l'entrée du site, qu'il proposera un **classement clair et sélectif** (trop d'information tue l'information !), qu'il accompagnera chaque adresse de site d'un **bref descriptif** permettant de décider de visiter le site ou non, qu'il sera régulièrement **tenu à jour** (rien de plus exaspérant que les « liens morts », adresses qui ne fonctionnent pas !).

Concernant le français langue étrangère, il existe plusieurs dizaines de sites portails, dont aucun ne remplit toutes les conditions évoquées ci-dessus. Lequel choisir, alors ? Il est impossible de répondre à cette question, car cela dépend de ce que l'on cherche, de ses objectifs, de ses domaines d'intérêt... Le mieux est d'en essayer plusieurs, d'en sélectionner deux ou trois et de se familiariser avec leur manière d'organiser les données. Mais il convient de savoir, globalement, ce que l'enseignant ou l'apprenant de langue peut trouver sur la Toile.

Types de ressources disponibles sur la Toile

On peut classer les ressources référencées par les sites portails FLE (ou plus largement de langues) en six ou sept grands types :

1. des **informations pratiques** pouvant être utiles à l'enseignant ou à l'étudiant de FLE : par exemple, sites d'associations, d'administrations, d'institutions proposant des cours de FLE, informations sur la formation continue, les bourses, les colloques et congrès ;

2. des **ressources didactiques** proposant une réflexion théorico-pratique sur tel ou tel aspect de l'enseignement/apprentissage des langues. Dans cette catégorie, on trouve des sites spécialisés dans la question de l'intégration des TIC en langues ;

3. des **ressources brutes**, pouvant jouer le rôle de documents supports authentiques, mais demandant à être didactisées si on veut les exploiter en FLE : sites de musées, de médias, de services, etc. On trouve également des récits multimédias et / ou hypertextuels pouvant se révéler attractifs pour des étudiants de langue. Les discours spécialisés (droit, économie, médecine, tourisme, etc.) sont très présents dans cette catégorie ;

4. des **ressources transdisciplinaires**, sites proposant des activités interactives ou des jeux dans des disciplines autres que les langues ; ces sites peuvent

être exploités selon une perspective transdisciplinaire, comme ce qui se pratique dans les classes bilingues. On peut considérer cette catégorie comme faisant partie de la précédente, car ces ressources ont également besoin d'être didactisées, mais à la différence des ressources brutes, on dispose déjà d'activités pédagogiques interactives ;

5. des **ressources pédagogiques FLE** (exercices, tâches, scénarios, voir chapitre 3), que l'on peut utiliser telles quelles ou en les adaptant. On définira ici cette catégorie par le fait que l'apprenant a quelque chose à faire, outre la lecture / consultation de pages Internet, ne serait-ce que répondre à des questions à choix multiple. On peut donc dire que l'on a d'une certaine façon affaire à des ressources « prêtes à l'emploi », même si chaque enseignant peut bien sûr les adapter et doit les intégrer dans son programme. Certaines de ces ressources, celles qui sont autocorrectives, sont même utilisables de manière autonome par des étudiants de FLE (voir chapitre 4) ;

6. des **ressources métalinguistiques** pouvant être utiles à l'enseignant comme à l'étudiant : dictionnaires, traducteurs, grammaires en ligne, conseils de rédaction, corpus de textes, etc ;

7. plus rarement, des **ressources métacognitives**, destinées à apprendre à apprendre les langues (par exemple à travers la connaissance de son style d'apprentissage). Les tests sont à la charnière de cette catégorie et des ressources pédagogiques.

Le présent ouvrage constitue un exemple de **ressource didactique**, dans la mesure où est menée une réflexion sur l'intégration d'Internet ; il fournit des **ressources pédagogiques** prêtes à l'emploi (les scénarios de la seconde partie), mais il a également pour objectif de rendre ses lecteurs capables de créer de nouvelles ressources pédagogiques à partir de **ressources brutes** puisées sur la Toile. Selon qu'un enseignant désire uniquement utiliser des ressources déjà existantes ou bien créer ses propres ressources, il pourra se contenter de la cinquième catégorie ou bien il devra consulter également les autres.

◗ Sélection de quelques sites portails pour le FLE

Certains sites portails répertorient plutôt les ressources pédagogiques, d'autres les ressources brutes, d'autres encore l'information et les services en direction des enseignants, d'autres enfin les sites sur l'exploitation des TIC. La grande faiblesse de la plupart des portails, en ce qui concerne le FLE en tout cas, concerne le classement des ressources pédagogiques, certains ne les distinguant même pas des ressources brutes.

La liste qui suit ne prétend aucunement à l'exhaustivité. Elle est organisée en fonction des spécificités de certains portails. Ceux-ci se référençant souvent les uns les autres, on trouvera facilement d'autres sites à partir de ceux indiqués ci-dessous. Enfin, pour les enseignants d'allemand et d'espagnol, on signalera que le Goethe Institut et l'Instituto Cervantes proposent tous deux un site portail faisant autorité en la matière[3], ce qu'aucune institution de FLE n'est parvenue à faire.

On mentionnera tout d'abord un site qui tente un classement des ressources pédagogiques, **Le point du FLE**[4], réalisé par Hélène Weinachter, de Finlande. Particulièrement pratiques sont les icônes annonçant si les sites contiennent des images, du son, etc. Mais une place trop importante est malheureusement faite aux entrées grammaticales traditionnelles.

On continuera par trois sites dont le point fort est de tenter de créer une communauté des enseignants (voire des apprenants) de FLE, le premier étant institutionnel, les deux autres non :

– **Franc-parler**[5], la communauté mondiale des professeurs de français : portail FLE de l'agence intergouvernementale de la francophonie, réalisé par le CIEP et la FIPF.

– **Edufle**[6], site coopératif de didactique du FLE. Tout utilisateur s'étant enregistré (gratuitement) peut contribuer à la vie du site, qui contient de nombreuses idées et suggestions pédagogiques pour l'enseignement du FLE, ainsi que des informations.

– **Fle.fr**[7], de Martine Dubreucq, contient de nombreuses informations régulièrement actualisées sur la vie du FLE.

Plusieurs sites peuvent intéresser ceux qui cherchent des ressources brutes, notamment en vue de cours de français sur objectifs spécifiques :

– **Sitographie FLE**[8] de Thierry Lebeaupin. La sous-partie « Français sur objectifs spécifiques » est riche en liens vers des ressources brutes classées selon les différents domaines de spécialité.

– Trois sites nord-américains déjà anciens, les pionniers du genre, proposent de très nombreux liens vers des ressources, pédagogiques et surtout brutes, mais leurs critères de sélection et leurs classements sont assez chaotiques et les liens pas toujours actualisés : **Clicnet**[9], **La culture francophone c'est chouette !**[10], **Le Quartier français du village planétaire**[11].

3. http://www.goethe.de/lks et http://cvc.cervantes.es.
4. http://www.lepointdufle.net
5. http://www.franc-parler.org
6. http://www.edufle.net/
7. http://www.fle.fr
8. http://perso.wanadoo.fr/fle-sitographie/
9. http://clicnet.swarthmore.edu/
10. http://www.francochouette.com/
11. http://www.richmond.edu/~jpaulsen/gvfrench.html

Enfin, l'enseignant qui s'intéresse, pour sa pratique, sa formation ou ses recherches, à l'intégration pédagogique des TICE trouvera à la fois des références théoriques, des bibliographies, des articles, des présentations de projets, des exemples de scénarios exploitant les TICE, dans les deux sites suivants, le premier étant beaucoup plus sélectif que le second :

– **Espace pédagogique FLE**[12], site réalisé par F. Mangenot, université Grenoble 3.

– **Flenet**[13], site réalisé par M. Tomé, université de León (Espagne).

Dans le domaine des lettres francophones, on peut encore citer deux portails très riches :

– **Les signets de la Bibliothèque nationale de France**[14] : sélection commentée de ressources choisies par les bibliothécaires de la BnF.

– **Le portail des lettres**[15].

Les annuaires

Les annuaires ou répertoires (en anglais *directory*) sont souvent associés à des moteurs de recherche (Google, Yahoo, etc.). On peut considérer les annuaires comme des **sites portails généralistes**. À la différence des moteurs de recherche, ils pointent vers des sites qui ont été choisis manuellement et ont donc fait l'objet d'une sélection. La recherche s'effectue sur un sous-ensemble de la Toile beaucoup plus restreint, ce qui constitue à la fois un avantage (moins de « bruit », c'est-à-dire de résultats ne correspondant pas à la demande) et un inconvénient (un site intéressant peut ne pas faire partie des résultats de la recherche). En règle générale, on peut dire qu'utiliser un annuaire constitue un gain de temps si l'on cherche des sites de qualité concernant un domaine facilement délimitable : une zone géographique, une spécialité médicale, une institution, une vedette, etc. Il est souvent rentable de commencer par effectuer une recherche par annuaire avant d'avoir recours aux moteurs de recherche.

Le principe de la recherche consiste à « descendre » une arborescence. L'annuaire francophone de Yahoo (http://fr.dir.yahoo.com/) propose par exemple 14 entrées au premier niveau (parmi lesquelles « Santé », « Sciences et technologies », « Sports et loisirs »...) ; si l'on clique sur « Santé », on obtient une nouvelle liste de 46 entrées, et ainsi de suite. Pour trouver des renseignements sur la Martinique, par exemple, on suit le cheminement suivant : « Classement géographique/Zones régionales/Caraïbes/Martinique » (on arrive au même résultat en

12. http://www.u-grenoble3.fr/espace_pedagogique/
13. http://flenet.rediris.es/
14. http://signets.bnf.fr/
15. http://www.portail.lettres.net/

suivant l'arborescence « Classement géographique/Pays/France/Départements d'outre-mer/Martinique) et on a enfin le choix entre 17 rubriques, pointant vers environ 200 sites concernant cette île.

À signaler un annuaire coopératif, DMOZ (« Open directory project »)[16], où tout un chacun peut venir proposer une description de ressource. L'avantage de cet annuaire est que chaque site est évalué et décrit en deux ou trois lignes, ce qui peut faire gagner beaucoup de temps; si l'on clique sur la fonction « Annuaire » de Google, on aboutit d'ailleurs sur DMOZ.

Les moteurs de recherche

Tout le monde a entendu parler des moteurs de recherche et les a même sans doute déjà pratiqués. Mais rares sont les personnes capables de les utiliser efficacement. Il convient tout d'abord de bien comprendre leur principe de fonctionnement. À l'inverse des annuaires, ils effectuent en effet une recherche dite « plein texte » : il s'agit de logiciels qui parcourent inlassablement la Toile pour engranger des milliards de pages sur une même machine, ces pages (et non les sites) étant ensuite indexées automatiquement par les mots qu'elles contiennent. Quand on tape un mot ou une expression dans un moteur de recherche, ce n'est donc pas le sens de ce mot qui est utilisé par le moteur mais bien sa forme, son signifiant. Cela a une conséquence directe : il ne faut pas, comme la plupart des débutants, taper des mots désignant le thème que l'on recherche, mais bien plutôt **des mots susceptibles d'avoir été employés par les auteurs des sites qui nous intéressent**. Cela oblige à se mettre à la place de ces auteurs : « Si j'avais réalisé le genre de site que je suis en train de chercher, quels mots aurais-je certainement employés ? »

Un exemple très simple, vécu lors d'une formation d'enseignants en Italie il y a quelques années : ces derniers cherchaient des sites sur la langue des jeunes en France; ils tapaient « argot », « langue des jeunes », « langage familier », « langue des banlieues », sans rien obtenir de convaincant[17]. Le formateur leur a alors demandé s'ils ne connaissaient pas au moins deux ou trois mots de cette langue et s'ils ne devraient pas essayer de les taper dans Google. La requête qui a finalement abouti, en ce sens qu'elle a permis de trouver plusieurs sites sur la langue des jeunes correspondant aux souhaits des enseignants (avec notamment des traductions en français standard), est la suivante : **+teuf +meuf +keuf**, les trois signes « + » signifiant que les trois mots (et non pas un seul d'entre eux) devaient être présents dans les pages recherchées, dans n'importe quel ordre.

16. http://www.dmoz.fr
17. Les sites s'étant multipliés, ces expressions donnent aujourd'hui des résultats pertinents, mais ce n'était pas le cas à l'époque.

Cet exemple permet de tirer deux enseignements : d'une part, les mots utilisés pour la requête doivent être les plus spécifiques possibles de ce que l'on cherche ; d'autre part, ces mots peuvent se combiner par une « syntaxe » propre aux moteurs de recherche, syntaxe dont il faut connaître quelques éléments minimaux. On évitera donc les mots grammaticaux ou les mots trop polysémiques et on essaiera presque toujours de mettre plus d'un mot dans la requête (sauf dans le cas des noms propres).

Deux éléments de « syntaxe » au moins doivent être connus : les signes « + » et les guillemets. Le signe « + » collé (sans espace) au mot auquel il s'applique signifie que ce mot doit obligatoirement être présent dans les résultats. Les guillemets indiquent au moteur de rechercher l'expression telle qu'elle figure entre les guillemets ; cela permet par exemple de chercher des expressions toutes faites, comme « tiré à quatre épingles » ; une remarque, toutefois, concernant cet exemple : « tiré » pouvant s'accorder en genre et en nombre, on obtiendra des résultat plus nombreux avec « à quatre épingles ». **On voit donc qu'un minimum de réflexion sur la langue peut grandement aider à se servir efficacement d'un moteur de recherche.** A l'inverse, les moteurs de recherche peuvent être détournés de leur usage premier pour trouver des contextes d'emploi de tel ou tel mot ou expression et ainsi se documenter sur la langue telle qu'elle est réellement employée ; la Toile peut alors être considérée comme un gigantesque réservoir d'usages langagiers.

Pour prendre un autre exemple, imaginons que nous cherchions des histoires dont le lecteur est le héros. Étant donné qu'il s'agit d'un genre bien établi, taper l'ensemble du syntagme « histoire dont vous êtes le héros » entre guillemets dans Google donne de bons résultats (16600 en février 2006) ; sans guillemets, on obtient une cinquantaine de fois plus de résultats, mais également plus de « bruit » (sites non pertinents). Enfin, la recherche « histoires dont vous êtes le héros » (au pluriel et avec guillemets) ne donne qu'un petit nombre de résultats (211 en 2005), mais il y a des chances que ces résultats soient d'une autre nature : le fait d'avoir employé le mot au pluriel n'est pas innocent, il s'agit probablement de glose sur ce type de récit.

À défaut de tout élément de syntaxe, un moteur comme Google cherchera des pages contenant l'un *ou* l'autre des mots écrits dans la fenêtre de recherche, en présentant toutefois d'abord les pages contenant le plus grand nombre de ces mots. Il est bon de savoir que parmi les pages trouvées correspondant à la requête, un moteur comme Google effectue un classement, le principal critère étant la « popularité » du site, à savoir le nombre de liens qui pointent vers lui ; les sites plus cités sont présentés en tête de liste. C'est ce principe relativement simple et surtout automatisable qui a assuré le succès de Google par rapport aux autres moteurs de recherche. Enfin, il ne faut pas s'imaginer que les moteurs couvrent réellement l'ensemble des pages de la Toile : quantité de pages leur échappent, pour diverses raisons. Et les différents moteurs ne couvrent pas exactement les mêmes pages, d'où parfois l'intérêt d'utiliser un métamoteur (voir ci-dessous).

Un dernier élément : il est possible de combiner la recherche par mot-clé avec la recherche de type annuaire ou encore avec la sélection d'une langue précise. Dans le premier cas, on restreint la recherche à la catégorie (Santé, par exemple) ou sous-catégorie (Médecine) sélectionnée, dans le second, on restreint les résultats à la langue sélectionnée ; à noter que la plupart des moteurs neutralisent les accents et les signes de ponctuation et que dans ces conditions, de nombreux mots français sont homographes de mots anglais : on voit dans ce cas l'intérêt de sélectionner la langue.

Moteurs de recherche particuliers

Certains moteurs de recherche cherchent à proposer plus ou mieux que les moteurs traditionnels, sans que leur intérêt soit forcément évident. On en évoquera rapidement quatre types : les moteurs qui effectuent leur recherche sur un sous-ensemble sélectionné de la Toile, les métamoteurs, qui cherchent à cumuler les résultats obtenus par plusieurs moteurs classiques, les moteurs qui permettent de formuler les requêtes d'une autre manière que par mot-clé, les moteurs qui présentent les résultats autrement que par des listes de sites.

Certains sites comportent un moteur de recherche interne : les mots-clés seront alors recherchés uniquement à l'intérieur du site. D'autres, destinés plus particulièrement aux enfants, limitent la recherche à un ensemble de sites vérifiés, évitant ainsi qu'un jeune tombe sur des contenus douteux, comme par exemple : http://www.takatrouver.net.

Les **métamoteurs** sont de deux types : ceux qu'il faut installer sur son ordinateur, comme Copernic[18], et ceux qui fonctionnent en ligne, comme Ixquick[19]. Dans les deux cas, le principe est le même : ces outils effectuent une recherche avec plusieurs moteurs classiques (Google, Altavista, etc.) et cumulent les résultats obtenus, en supprimant les doublons. Avantage : on a ainsi « balayé » un plus grand nombre de pages ; inconvénient : on a plus de résultats, il est donc souvent plus difficile de repérer ceux qui nous intéressent vraiment. On peut utiliser ces métamoteurs quand une recherche classique aboutit à très peu de résultats.

Un moteur anglophone intéressera les enseignants d'anglais, dans la mesure où il permet de formuler une requête en langue dite « naturelle » : il s'agit de AskJeeves (http://www.ask.com). On doit taper une question comme « What is the highest mountain in the world ? » et AskJeeves fournit une liste de liens

18. http://www.copernic.com/fr. La version Copernic Agent Basic est téléchargeable gratuitement.
19. http://www.eu.ixquick.com/

comme le ferait tout autre moteur de recherche ; dans l'exemple ci-dessus, la réponse à la question est donnée de façon explicite dans le premier lien fourni : « Everest is the highest mountain on Earth (as measured from sea level). » Il existe une version pour les enfants. On imagine bien les détournements pédagogiques auxquels cet outil peut donner lieu, mais il n'existe apparemment pas d'équivalent pour la langue française.

Enfin, en ce qui concerne la **présentation des résultats**, on mentionnera le moteur Kartoo[20], qui propose une carte conceptuelle des sites correspondant au terme recherché, ce qui peut dans certains cas se révéler intéressant. Le logiciel KWICFinder[21], qu'il faut télécharger, est pour sa part un concordancier qui recherche des contextes du ou des mot(s) tapé(s) sur l'ensemble de la Toile, après que l'on a indiqué la langue, le nombre de mots à gauche et à droite et le nombre d'occurrences souhaités ; le même résultat peut être obtenu avec un simple moteur de recherche[22], mais les « scories » sont plus importantes et les résultats sont présentés de manière moins claire et moins exploitable.

LES OUTILS DE COMMUNICATION

Internet comporte de nombreux outils de communication, la plupart étant maintenant accessibles depuis la Toile : ainsi les utilisateurs « nomades » consultent-ils leurs courriels par « Webmail » plutôt qu'avec un logiciel spécialisé comme Outlook ou Eudora. Les plus connus de ces outils sont le courriel, les listes de diffusion, les forums, les messageries instantanées et les *chats*[23], la vidéoconférence et les blogs. On mettra ici l'accent sur les atouts pédagogiques de ces outils.

Caractérisation des outils

Un certain nombre de critères permettent à la fois de caractériser les outils et de souligner leurs atouts et leurs inconvénients en vue de leur utilisation pédagogique. Ces critères sont : la **chronologie** (synchrone ou asynchrone), la **modalité** (écrit, son, image fixe ou vidéo) et la **structure des échanges** (communication collective ou interindividuelle, structurée ou non).

Le **critère chronologique** est fondamental. En effet, si l'on choisit de privilégier des **échanges synchrones**, il faudra prévoir des tranches horaires précises

20. http://www.kartoo.com
21. http://www.miniappolis.com. KWIC signifie « keyword in context ».
22. C'est notamment ce qui est proposé dans certains scénarios proposés en seconde partie de l'ouvrage. Un article de Mangenot et Moulin (2000) propose des pistes d'exploitation de ce type de recherche. http://www.u-grenoble3.fr/espace_pedagogique / lexique.rtf
23. Les Québécois ont proposé « clavardage », pour traduire l'anglais *chat*, mais cet astucieux mot-valise n'est pas encore répandu en France.

où tous les interactants seront connectés : dans le cas de groupes nombreux, cela demande beaucoup d'organisation, d'autant plus que certains outils, comme le *chat*, nécessitent une répartition en petits groupes. Les **échanges asynchrones**, à l'inverse, offrent une souplesse beaucoup plus grande mais sont en général ressentis comme moins conviviaux.

Le critère de la **modalité** est plus complexe à aborder, dans la mesure où la plupart des outils offrent, à un degré ou à un autre, la possibilité de panacher écrit, images et sons (voir les fichiers attachés des courriels ou des messageries instantanées, par exemple). Cela dit, la plupart des outils ont été conçus en fonction d'une modalité principale. On notera que les échanges par vidéo (vidéoconférences[24]) nécessitent une très bonne connexion (ADSL ou câble) et qu'ils ne présentent un intérêt qu'en synchronie, deux conditions qui rendent cette modalité complexe à utiliser ; par ailleurs, il ne semble pas exister de logiciel gratuit permettant les échanges vidéo à plusieurs *via* Internet (échanges dits « multipoints »)[25] : une vidéoconférence collective demande donc un équipement technologique assez poussé et une organisation très pointue. À l'autre extrême, la modalité écrite se contente d'une connexion modem et présente un grand avantage : l'écrit est moins « volatil » que l'oral, on peut le sauvegarder (même dans le cas des *chats*) et donc revenir dessus, pour approfondir la pensée ou pour améliorer l'expression.

Le critère de la **structure des échanges** est également très important. Souhaite-t-on privilégier les échanges un à un, comme le permet le courriel ; veut-on faire passer un message d'une personne vers un grand nombre d'autres ; ou bien souhaite-t-on favoriser les échanges collectifs ? Ces choix ont évidemment des retentissements pédagogiques non négligeables. Dans le cas d'échanges collectifs écrits, comment ceux-ci sont-ils structurés ? Peut-on avoir différents forums pour les différentes thématiques, peut-on répondre explicitement à un message donné, quel est le rôle du modérateur ?

---

24. Certains distinguent *visioconférence*, dans le cas d'un usage un à un, et *vidéoconférence*, dans le cas d'un usage collectif. Mais cette distinction ne semble pas s'être imposée.
25. Des logiciels gratuits comme Yahoo Messenger ou Windows Messenger permettent la vidéo un à un, à condition bien sûr d'avoir une Webcam.

Le tableau ci-dessous tente de synthétiser toutes ces caractéristiques.

Structure des échanges	**Modalité**	**Outils synchrones**	**Outils asynchrones**
Un à un	Texte (+ image)	Messagerie instantanée	Lettre, fax, courriel
	Son	Téléphone, i-phone[26]	Répondeur téléphonique, courriel vocal (son par fichier attaché)
	Son + vidéo	Vidéoconférence à deux	Courriel avec vidéo attachée
Un vers tous	Texte		Liste de diffusion, site Internet, courriel adressé à de multiples destinataires
	Texte + image	Diaporama accompagnant une vidéoconférence	Site Internet, blog
	Vidéo	Vidéoconférence de type magistral	Vidéo à disposition sur site Internet
Tous à tous (collectif)	Texte (+ image)	*Chat*	Forum, liste de diffusion, blogs
	Son	Conférence téléphonique, environnements avec son synchrone	Fichiers sons attachés à des messages de forum
	Vidéo	Vidéoconférence	

Caractéristiques des principaux outils de communication

26. Il s'agit de la possibilité de communiquer par la voix d'un ordinateur à un autre, ce que permettent plusieurs logiciels gratuits (Yahoo et MSN Messenger, notamment). Le logiciel Skype permet de communiquer à plusieurs (jusqu'à cinq) de manière audio-synchrone.

L'utilisation pédagogique des outils de communication

On se contentera ici de trois exemples concrets d'utilisation pédagogique des outils en langues, suivis de quelques réflexions générales.

• Le premier exemple est déjà assez ancien, il s'agit du Tandem par courriel (« *E-mail Tandem* » ou « eTandem »[27]). Le principe consiste à mettre en relation deux lycéens ou étudiants apprenant chacun la langue maternelle de l'autre. La communication se fait alternativement dans les deux langues et chaque étudiant s'engage à corriger les écrits de son partenaire. On s'est rendu compte que ce système fonctionnait bien quand il était intégré dans un cursus d'apprentissage de langue : prise en compte des productions pour l'évaluation, fourniture par l'enseignant de thèmes de discussion et de documents d'appui, conseils quant aux corrections, etc. Au plan technologique, on ne rencontre pratiquement aucun problème, le courriel étant un mode de communication maîtrisé par pratiquement tous les jeunes. La structure de communication un à un est tout à fait logique, s'agissant d'une tentative d'établissement de relation interpersonnelle. Par contre, l'utilisation d'un mode asynchrone et du canal écrit sont plus liés à la disponibilité de l'outil courriel qu'à un véritable choix. Le site eTandem préconise d'ailleurs plusieurs moyens de communication : courriel, téléphone, fax, lettre et vidéoconférence. Si ce dernier canal est certainement plus attractif pour les jeunes et permet de pratiquer l'oral, il présente cependant l'inconvénient de la nécessité de se connecter au même moment ; on peut par ailleurs se demander ce que deviendra la correction des erreurs et surtout la sauvegarde des échanges qui permettait, avec le courriel, un retour réflexif sur les productions et une éventuelle évaluation par l'enseignant.

• Un autre exemple intéressant, concernant cette fois de jeunes enfants (8-11 ans), est le projet intitulé *Dessinez-moi un monstre*[28] lancé par Jane Scaplen, une enseignante canadienne, il y a déjà presque 10 ans. Les enfants d'une dizaine d'écoles de France et du Canada anglophone ont rédigé des descriptions de monstres. Les descriptions écrites ont été envoyées par courrier électronique et publiées sur un site ; suite à cela, les enfants étaient invités à dessiner le monstre qu'ils imaginaient à la lecture de telle ou telle description qui leur plaisait. Tous ces dessins ont à leur tour été publiés en lien avec les descriptions écrites, sous une forme hypertextuelle. Les outils de communication utilisés ont été le courrier électronique et le site Internet : il fallait pour cela que l'enseignante-animatrice du projet ait la capacité technique de mettre en ligne tout ce qu'elle recevait par courriel (textes et dessins en fichiers attachés). On trouverait aujourd'hui des outils facilitant cette tâche ; par ailleurs, rien n'empêcherait de proposer les

27. http://www.enst.fr/tandem/etandem/etindex-fr.html
28. http://www.k12.nf.ca/she/jscaplen/monstres/monstre2.html

descriptions de monstres sous une forme orale, avec des fichiers sonores asynchrones.

• Un troisième projet concerne cette fois-ci des étudiants en écoles d'ingénieurs et a pour objectif essentiel la communication interculturelle. Il s'agit de *Cultura*[29], projet initié en 1999 par Gilberte Furstenberg, du Massachusetts Institute for Technology. Des étudiants français apprenant l'anglais et des étudiants américains apprenant le français échangent par forum sur leur vision d'un certain nombre de concepts courants, comme l'amitié ou l'individualisme, et leurs réactions à des situations de la vie quotidienne ; cette réflexion est déclenchée par des questionnaires en ligne leur demandant de réagir brièvement à des mots, des expressions ou des situations, les réponses étant aussitôt « publiées » sur le site du projet. On notera, comme dans le cas précédent, la combinaison de deux outils différents, ici le site et le forum.

Concernant les critères énoncés plus haut, on constate que les trois projets présentés ont choisi une modalité de communication asynchrone. Ils utilisent le canal du texte et de l'image fixe et des outils éprouvés comme le courriel, le site et le forum. Le projet *Tandem* a choisi une structure de communication un à un, tandis que les deux autres projets donnent lieu à une communication tous à tous structurée. Ces observations concordent avec celles que l'on pourrait faire à partir de bien d'autres projets utilisant le canal d'Internet : ce n'est pas forcément en utilisant les technologies les plus avancées, comme la vidéoconférence, que l'on parvient aux résultats les plus probants.

Il convient enfin de mentionner les **plates-formes de formation en ligne**, qui combinent plusieurs des outils cités plus haut. Elles comportent en général un espace permettant de « publier » des documents (à l'instar d'un site), la possibilité de créer plusieurs forums, un outil de chat, un système de courriel interne à la plate-forme, un agenda permettant de spécifier des délais pour les tâches assignées et souvent des outils permettant de créer des exercices autocorrectifs. Les enseignants de langues au niveau universitaire de pays comme le Canada, les États-Unis ou l'Australie accompagnent très fréquemment leurs cours présentiels d'activités ou d'échanges proposés à travers une telle plate-forme.

29. http://web.mit.edu/french/culturaNEH/cultura2001/index.html. Plusieurs articles ont été publiés sur ce projet, notamment dans la revue américaine en ligne *Language Learning and Technology* (http://llt.msu.edu). Une vidéoconférence de G. Furstenberg est disponible sur le site de l'École normale supérieure Lettres et sciences humaines (http://www.ens-lsh.fr / rubrique École ouverte/Colloques et conférences/Journée d'étude « Nouveaux métiers d'apprenants, nouveaux métiers d'enseignants ».

Les blogs, sites liant information et communication

Si l'on fait ici une place à part à l'outil « blog », c'est d'une part à cause de sa grande simplicité d'emploi (il suffit de remplir des formulaires en ligne pour créer son blog), qui lui a sans doute valu sa popularité, d'autre part à cause de certaines potentialités pédagogiques qu'il présente, du fait qu'il combine de manière originale les dimensions d'information et de communication d'Internet. Il convient de caractériser l'outil par rapport aux critères de la partie précédente, puis d'évoquer quelques possibilités d'utilisation de cet outil dans le cadre de l'enseignement des langues.

Caractérisation des blogs

Commençons par une définition trouvée sur www.pointblog.com, un site consacré au phénomène sur lequel on trouvera également toutes les indications utiles pour créer son propre blog :

De façon très synthétique, un « blog » (ou « weblog ») est un site Web personnel composé essentiellement d'actualités (ou « billets »), publiées au fil de l'eau et apparaissant selon un ordre ante-chronologique (les plus récentes en haut de page), susceptibles d'être commentées par les lecteurs et le plus souvent enrichies de liens externes.

On constate tout d'abord que l'on a affaire à une modalité asynchrone ; mais une autre particularité chronologique du blog est sa dimension de « journal de bord » (*logbook* en anglais), qui laisse attendre la publication régulière de billets (on dit également « notes » ou « articles »). Concernant la modalité, il s'agit d'écrit et d'images, ces dernières pouvant être plus ou moins présentes. Enfin, la structure de communication est mixte : à un premier niveau, il s'agit d'une modalité « un vers tous », puisqu'un blog est un site personnel, mais à un second niveau, la possibilité existe pour les visiteurs d'ajouter des commentaires reliés à chacun des billets ; ces commentaires sont alors visibles par tous. Il faut encore souligner l'importance des liens externes, pour lesquels un emplacement fixe, à gauche ou à droite des billets, est prévu et qui permettent souvent d'insérer un blog dans un réseau thématique ou social (les blogs se référençant les uns les autres).

Toutes ces caractéristiques font que le blog convient bien à toute personne désireuse de mettre régulièrement des informations brèves en ligne, selon un point de vue subjectif, tout en ayant la possibilité de recueillir des feed-back et d'être reliée à d'autres blogs de la même famille. On repère un certain nombre de genres particulièrement répandus :

- les carnets de voyage,

- les blogs journalistiques (*Le Monde* et *Libération* ont des blogs officiels),
- les journaux intimes (le terme « intime » est-il encore adapté, dans ce contexte ?),
- les blogs d'hommes politiques.

L'utilisation pédagogique des blogs

Toute utilisation pédagogique d'un outil doit tenir compte de ses caractéristiques, telles qu'on les a définies plus haut. Concernant le blog, son **caractère personnel**, sa **structure chronologique** et sa **possibilité d'être relié** à d'autres blogs ou sites constituent les trois spécificités à partir desquelles des usages pédagogiques peuvent être imaginés. Il serait par exemple dommage de ne faire utiliser un blog à un étudiant que pour « publier » les résultats d'une recherche ponctuelle : la dimension chronologique ne serait alors pas exploitée.

On pourrait ainsi imaginer de faire réaliser à un groupe d'étudiants **un journal de bord** de leur apprentissage ; ils noteraient, au fil des cours, leurs étonnements, leurs difficultés, leurs découvertes par rapport à la langue étudiée, les blogs des différents étudiants étant reliés entre eux et les commentaires d'un étudiant à l'autre étant encouragés.

Dans le même esprit, le blog peut être un bon outil pour des groupes de futurs enseignants en stage professionnel, en vue d'une plus grande réflexivité et d'une mutualisation des expériences. Ces deux suggestions exploitent les blogs dans leur dimension « journal de bord ».

Les expériences *Tandem* pourraient également s'appuyer sur des blogs au lieu du courriel. On y perdrait une certaine intimité (sauf à protéger les deux blogs par un mot de passe, ce qui est possible), mais on y gagnerait un contact plus large avec d'autres étudiants engagés dans la même expérience ; et au cas où le *Tandem* serait intégré dans un cours institutionnel, l'enseignant pourrait plus facilement consulter le travail réalisé, afin de l'évaluer.

On pourrait encore utiliser les blogs dans une perspective d'écriture créative[30], en faisant narrer des voyages fictifs, comme par exemple ceux proposés par certains scénarios de la partie 2. On notera que dans ce cas, c'est l'écriture individuelle que l'on favorise, l'outil ayant surtout l'avantage de « socialiser » la production textuelle. Si l'on souhaite encourager l'écriture collective, un autre outil plus adapté existe, le *Wiki* (voir la définition de ce terme dans *Wikipedia*, qui utilise justement la technologie *Wiki*).

30. Voir http://nassvet.blog.lemonde.fr/nassvet/, blog d'une enseignante du Centre universitaire d'études françaises de Grenoble.

Une Russe vivant en France[31] utilise un blog pour aider ses compatriotes à apprendre le français tel qu'on le parle chez nous :

> J'ai eu l'idée d'utiliser [le blog] pour aider les Russes qui apprennent le français en dehors des pays francophones et qui manquent donc de pratique orale. C'est ainsi que *La Brocante* est née, car toutes les phrases qui y apparaissent ont déjà été utilisées par un Français et l'on y trouve des choses très disparates. Depuis, j'écris à peu près tous les jours un petit article autour d'une expression idiomatique (souvent familière) avec quelques exemples de son emploi à l'oral et leur traduction en russe. [...] Si l'occasion se présente, je ne manque pas de faire un commentaire sur une référence culturelle inexistante en Russie (par exemple, pour l'expression « être à découvert [à la banque] », le découvert n'étant pas autorisé là-bas).

La même idée pourrait être reprise, mais en demandant cette fois aux apprenants eux-mêmes d'écrire des billets à partir d'expressions figées avec leur contexte d'emploi.

Enfin, dans le cas d'un groupe peu avancé, on peut imaginer que ce soit l'enseignant qui tienne un blog sur la progression du cours, en résumant les points étudiés, les étudiants pouvant alors poser des questions par le biais des commentaires.

De nombreux scénarios présentés dans la seconde partie de cet ouvrage peuvent utiliser des blogs comme support pour les productions des apprenants ; il s'agit alors d'une manière très simple – et gratuite – de faire travailler un groupe à distance, en prolongement d'un cours en présentiel. Selon le type de tâche, il sera plus pertinent de créer un blog collectif pour le groupe classe ou bien des blogs individuels pour chaque apprenant ; dans ce dernier cas, les blogs individuels peuvent se référencer réciproquement par des liens, ce qui redonne alors un caractère collectif à la communication, et on peut encourager les élèves à réagir aux productions des autres à l'aide de la fonction « commentaire ».

---

31. Nadia Ivanova (2003) « Communauté d'apprentissage du FLE en ligne ». *Dossier de l'ingénierie éducative* n° 45, « Publier en ligne aujourd'hui ». Point d'actu « Ecritures hypertextuelles ». http://www.cndp.fr/DossiersIE/45/ptidos45.asp

Chapitre 3 Ressources pédagogiques sur Internet

Ce chapitre est entièrement consacré à une catégorie particulière de ressources Internet pour l'apprentissage des langues, celle des **ressources pédagogiques**. C'est à cette catégorie qu'appartiennent les scénarios proposés en seconde partie de l'ouvrage, mais il existe d'autres types de ressources pédagogiques et l'objectif est ici d'en proposer une caractérisation, voire une classification.

Dans le domaine de la **formation en ligne** (*e-learning*), on donne souvent à la **ressource pédagogique** une définition plus extensive que celle adoptée ici : est nommée ainsi toute entité utilisée dans un processus d'enseignement, de formation ou d'apprentissage, ce qui inclut des présentations vidéo non interactives de type cours magistral, des textes, etc. Mais la pédagogie des langues possède deux spécificités : d'une part, il ne s'agit pas d'apprendre des contenus déclaratifs (comme cela peut être le cas en histoire, par exemple) mais bien de devenir capable d'utiliser la langue pour communiquer, d'autre part tout type de support peut servir de point de départ à une activité d'apprentissage, voire à une pratique autodidactique (par exemple, le site d'un média apporte de nombreux contenus d'ordre civilisationnel). Si l'on adopte une définition trop générale de la ressource pédagogique, toute la Toile peut alors être considérée comme telle, d'où la nécessité d'une définition spécifique aux langues. Nous définirons donc les **ressources pédagogiques pour les langues** par le fait qu'elles proposent une ou des **activités d'apprentissage**, amenant l'apprenant à manipuler et à utiliser, d'une manière ou d'une autre, la langue étrangère ; ces activités sont repérables par des consignes. S'il n'y a pas d'activité à réaliser (pas de consignes), on a alors affaire à un autre type de ressource (brutes, métalinguistiques, métacognitives, voir chapitre 1).

L'objectif du présent chapitre est à la fois d'éclairer le choix du lecteur quant à la sélection de telle ou telle ressource pour ses élèves et de lui permettre, s'il le souhaite, d'élaborer de nouvelles ressources tout en étant conscient des avantages et limites des différentes possibilités qui s'offrent à lui. Mais il convient tout d'abord de préciser la perspective didactique servant de support aux analyses qui suivront.

PERSPECTIVE ACTIONNELLE OU FONDÉE SUR LES TÂCHES

C'est aux didacticiens anglo-saxons que l'on doit l'approche fondée sur les tâches, *Task-based language teaching* (voir notamment l'ouvrage récent de Rod Ellis à ce sujet[1]). Cette approche a ensuite été en partie reprise par le ***Cadre européen commun de référence pour les langues*** **(CECR)**. Certains auteurs (Furstenberg, 1997, Mangenot, 1997[2], Mangenot 2000[3], notamment) estiment qu'il s'agit sans doute de la meilleure manière d'exploiter les TIC et plus particulièrement Internet.

L'approche fondée sur les tâches

Le premier ouvrage sur le sujet est sans doute celui de l'Australien David Nunan, en 1989 : *Designing tasks for the communicative classroom* (Concevoir des tâches pour la classe de langue communicative). Mais il a été précédé, dans *Le Français dans le monde* n° 192, par un article de Robert Bouchard (1985) où celui-ci proposait déjà de distinguer **exercice**, **activité** et **tâche** : cet auteur considère que la différence entre **exercice** et **activité** est celle qui existe entre langue et discours : travail sur la langue pour la langue et travail sur des activités plus réelles, où ce qui est en jeu est l'usage de la langue à des fins de communication ; **la tâche** est alors une **activité** qui n'est pas seulement vraisemblable en termes de similitude avec la vie réelle, mais aussi interactionnellement justifiée dans la communauté où elle se déroule (la classe, en général). **La tâche** est donc définie comme devant impliquer une communication la plus authentique possible entre les apprenants, ce qui va tout à fait dans le sens des propositions anglo-saxonnes.

Nunan, pour sa part, considère que l'on peut élaborer un programme de langue (un syllabus) à partir d'un ensemble de tâches et non plus à partir d'entrées linguistiques ou notionnelles / fonctionnelles. Il considère que la conception d'une tâche (*task design*) requiert la prise en compte de six paramètres : les **objectifs**, le **support de départ** (*input data*), les **activités** que l'apprenant est amené à réaliser, les **rôles** respectifs **de l'enseignant** et **des apprenants**, et enfin le **dispositif** (*settings*). Il donne de la tâche la définition suivante : « La tâche est un travail focalisé sur le sens[4] (*meaning focused work*) qui implique les apprenants dans la

1. *Task-based language learning and teaching*. Oxford University Press, 2003.
2. Tous deux dans un numéro spécial du *Français dans le monde, Recherches et applications* (Oudart, 1997) consacré au thème « Multimédia, réseaux et formation ».
3. « Quelles tâches dans ou avec les produits multimédias ? » Dans *Triangle* 17, *Multimédia et apprentissage des langue*. ENS-Editions, 2000.
4. La focalisation sur le sens s'oppose à un accent mis sur la forme : priorité est donnée à la capacité de communiquer un contenu par rapport à la capacité de former des phrases correctes.

compréhension, la production et / ou l'interaction en langue cible. » Plus tard, d'autres auteurs ajouteront un septième paramètre : le résultat (*outcome*) de la tâche, à savoir ce à quoi les apprenants aboutissent une fois la tâche réalisée ; ce résultat, la plupart du temps, n'est pas d'ordre langagier, par exemple résoudre une énigme à partir de renseignements complémentaires possédés par différents apprenants. Ellis (2003) souligne que ce résultat constitue l'objectif de la tâche pour l'apprenant, à partir duquel on pourra estimer la tâche réussie ou non, alors que l'objectif réel, du point de vue du concepteur, est la plupart du temps la pratique de telle ou telle fonction ou notion langagière ou encore de tel ou tel genre de discours.

Une question qui reste en suspens (voir Ellis, 2003) est celle de savoir si une tâche doit, comme dans la définition de Bouchard, forcément comporter des interactions entre pairs (que celles-ci soient orales ou écrites) ; on notera que, par définition, chaque fois qu'une production, orale ou écrite, est demandée, cette production est destinée à être communiquée à (avec) d'autres. Mais la question est alors de savoir comment nommer des activités de compréhension ou de réponse à des questions fermées[5], fondées sur des documents authentiques et faisant sens pour l'apprenant : utiliser le terme « activité » n'est pas très satisfaisant, celui-ci ayant une valeur générique. Il semble donc préférable de distinguer deux types de tâches, celles impliquant une production langagière (donc, des interactions) et celles n'en impliquant pas, les **tâches ouvertes** et les **tâches fermées**.

Pour conclure, on résumera les critères de définition de la tâche énumérés par Ellis (2003) :

> Une tâche est un plan de travail, principalement orienté vers le sens, conduisant les apprenants à manier la langue d'une manière proche de la vie réelle, pouvant concerner une ou plusieurs des quatre compétences, impliquant l'apprenant dans des processus cognitifs et possédant un résultat clairement identifiable permettant de déterminer si la tâche a bien été réalisée.

La tâche dans le CECR

On constate tout d'abord que le Conseil de l'Europe, qui privilégie une « perspective actionnelle », inclut dans sa définition les tâches non langagières de la vie courante, ce qui ne présente pas forcément un grand intérêt pour la classe de langue :

> **Est définie comme tâche** toute visée actionnelle que l'acteur se représente comme devant parvenir à un résultat donné en fonction d'un problème à

5. On appelle « question fermée » une question qui appelle une réponse univoque.

> résoudre, d'une obligation à remplir, d'un but qu'on s'est fixé. Il peut s'agir tout aussi bien, suivant cette définition, de déplacer une armoire, d'écrire un livre, d'emporter la décision dans la négociation d'un contrat, de faire une partie de cartes, de commander un repas dans un restaurant, de traduire un texte en langue étrangère ou de préparer en groupe un journal de classe. [Chapitre 2, § 2.1]

Mais parallèlement au terme général, sont également utilisées les expressions plus précises « tâches pédagogiques communicatives » ou simplement « tâches communicatives ». La définition est alors très proche de celle vue au paragraphe précédent et l'on retrouve de la même façon l'accent mis sur le sens et l'opposition tâche / exercice :

> Les tâches pédagogiques communicatives (contrairement aux exercices formels hors contexte) visent à impliquer l'apprenant dans une communication réelle, ont un sens (pour l'apprenant), sont pertinentes (ici et maintenant dans la situation formelle d'apprentissage), exigeantes mais faisables (avec un réajustement de l'activité si nécessaire) et ont un résultat identifiable [...]. Les activités de ce type peuvent avoir pour complément des tâches intermédiaires « méta-communicatives » telles que les échanges autour de la mise en œuvre de la tâche et la langue utilisée pour la mener à bien. [Chapitre 7, § 7.1]

La dernière phrase pointe une dimension également évoquée par les didacticiens anglo-saxons : l'utilité de « sous-tâches » de nature stratégique ou métalinguistique. Un autre passage décrit plus précisément les allers et retours permanents entre le fond et la forme (les Anglo-Saxons parlent de *focus on meaning* et *focus on form*), entre la priorité donnée à l'aisance ou à la correction (*fluency* ou *accuracy*) :

> Dans une tâche communicative, l'accent est mis sur le succès de l'exécution de la tâche et, en conséquence, le sens est au centre du processus tandis que les apprenants réalisent leurs intentions communicatives. Cependant, dans le cas des activités conçues en vue de l'apprentissage et de l'enseignement d'une langue, l'intérêt de la performance porte à la fois sur le sens et sur la façon dont le sens est compris, exprimé et négocié. Dans le plan général présidant au choix des activités et à leur organisation, il faut maintenir constamment l'équilibre toujours instable entre forme et fond, aisance et correction. [Chapitre 7, § 7.1]

On remarquera que les didacticiens de la production écrite en français langue maternelle[6] ont proposé depuis longtemps une démarche similaire : globalement,

6. Voir notamment l'excellent fascicule de Garcia-Debanc, C. (éd., 1986), *Objectif écrire*. Mende, CDDP de la Lozère.

une pédagogie du projet donne sens aux activités d'écriture (on écrit pour des destinataires extérieurs à la classe), mais on prévoit également des « activités décrochées » permettant de travailler des points de langue utiles à la bonne réalisation du projet d'écriture.

Tâches et Internet

Deux éléments de la tâche sont spécifiques à l'utilisation du réseau Internet : le **support de départ**, qui a été caractérisé dans les chapitres 1 et 2, et éventuellement les **moyens de communication** entre apprenants (chapitre 2), au cas où l'on fasse appel à ces derniers.

Concernant le support, on a vu au chapitre 2 qu'il revient le plus souvent à l'enseignant de le sélectionner : faire effectuer des recherches aux apprenants est dévoreur de temps, temps dont on ne dispose généralement pas pour l'apprentissage d'une langue. Un des apports importants de l'approche fondée sur les tâches pour qui souhaite exploiter Internet est l'idée que **c'est l'activité – et non pas le support – qui va déterminer le degré de complexité de la tâche** : on peut demander aux apprenants des réalisations très simples même à partir de supports pouvant être considérés comme bien au-dessus de leur niveau linguistique ; l'image et l'interactivité seront souvent des éléments facilitateurs. Une autre notion potentiellement utile est celle d'*information gap*, difficilement traduisible en français (« décalage / échange d'informations » ?) : l'idée consiste à fournir à chacun des apprenants des informations complémentaires sur un même sujet et de concevoir une tâche les obligeant à confronter ces informations. Internet, avec sa multiréférentialité (voir chap. 1), se prête bien à la conception de telles tâches. Dans le même ordre d'idées, deux ou trois sites présentant des arguments opposés sur un même problème peuvent être sélectionnés en vue de provoquer un débat.

Mentionnons enfin G. Furstenberg (1997) qui, à propos de l'exploitation du multimédia en FLE, assigne à la tâche un double rôle : celui de faciliter l'exploration et de permettre la construction d'un sens par l'utilisateur et, en même temps, celui d'évaluer ce qu'il aura compris et retiré et qui souligne le rôle crucial de la qualité de cette tâche. La tâche serait ainsi le fil d'Ariane permettant aux apprenants de ne pas se perdre dans le labyrinthe de la Toile.

Concernant les moyens de communication, on a déjà examiné leurs caractéristiques au chapitre 2. On se contentera ici de souligner l'importance de concevoir un **scénario de communication**, au cas où des interactions en ligne sont prévues : qui communiquera avec qui (groupe classe ou sous-groupes), à l'aide de quel(s) outil(s), à quel rythme (synchrone ou asynchrone et à quelle fréquence ?), avec quelle intervention de l'enseignant ?

Les cyberenquêtes (ou missions virtuelles) sont-elles des tâches ?

Les cyberenquêtes (*Webquests* en anglais) constituent une manière d'exploiter la Toile très populaire chez les Anglo-Saxons : la recherche du mot *Webquest* sur Google donne plus d'un million de résultats (alors que le terme français n'aboutit qu'à quelques centaines de pages). De quoi s'agit-il ? Le site http://webquest.org donne la définition suivante :

> Une cyberenquête est une activité d'investigation (*inquiry*) pour laquelle toutes ou presque toutes les informations utilisées par les apprenants sont tirées de la Toile. Les cyberenquêtes sont conçues pour faire gagner du temps aux apprenants, en se concentrant sur l'exploitation de l'information plutôt que sur sa recherche, et pour encourager la réflexion des apprenants sur les plans de l'analyse, de la synthèse et de l'évaluation.

Deux types de cyberenquêtes sont distinguées : les courtes, qui durent de une à trois séances de classe, et les longues, qui peuvent durer d'une semaine à plusieurs mois. Dans le premier cas, il s'agit surtout de comprendre et intégrer l'information ; dans le second, il y a une production à réaliser. Ces définitions paraissent correspondre de très près à ce qui a été nommé plus haut « tâches fermées » et « tâches ouvertes », mais il convient de préciser que les cyberenquêtes peuvent concerner toutes les disciplines. Pour ce qui concerne l'enseignement des langues, où la notion de « tâche » est déjà bien ancrée, on considèrera donc que les cyberenquêtes ne constituent pas une catégorie de ressource spécifique : il s'agit tout simplement de tâches dont le support est pris sur la Toile.

Tâches ou scénarios ?

Nous avons choisi d'appeler « scénarios » les propositions concrètes d'exploitation d'Internet se trouvant dans la seconde partie de l'ouvrage. Ce terme peut avoir trois sens en pédagogie.

- Dans le domaine de la **formation en ligne** (quelle que soit la discipline), on appelle **scénario pédagogique** une planification la plus précise possible du déroulement d'un cours ou d'une partie de cours ; la métaphore est alors celle du cinéma. On est très proche du sens de « tâche » : on aura noté qu'Ellis parle de « plan de travail ». Étant donné qu'une formation en ligne, dans un idéal socio-constructiviste, doit donner lieu à des interactions et que celles-ci doivent être planifiées (voir plus haut), on pourrait considérer que le **scénario pédagogique équivaut à une tâche à laquelle s'ajoute un scénario de communication**. Si l'on donne à « tâche » une acception plus restreinte que ne le font les auteurs anglo-saxons, le scénario pédagogique devient alors un ensemble de tâches, fermées et/ou ouvertes. Dans la perspective anglo-saxonne, on parlera de tâches et de sous-tâches.

• En **pédagogie des langues**, on entend souvent par « scénario » une simulation du monde réel. Un des atouts d'Internet est d'amener le monde réel dans la classe : chercher des horaires et des tarifs sur un site de compagnie aérienne ou ferroviaire est plus motivant pour des apprenants, dans la mesure où l'on utilise les mêmes outils que si l'on devait le faire réellement et que l'on obtient les horaires et prix en vigueur au moment de la demande.

• Une troisième acception, qui n'est pas tout à fait équivalente à la seconde, fait de « scénario » un synonyme de « **jeu de rôle** ». Tandis que dans la simulation, on tient son propre rôle dans une situation imaginée d'après la vie réelle, dans le jeu de rôle, on endosse un rôle fictif dans une situation fictive, celle-ci pouvant être proche ou non de la vie réelle[7]. Les fameuses « **simulations globales** », paradoxalement, relèvent plus du jeu de rôle que de la simulation : même dans le cas de *L'Immeuble*[8], qui peut sembler très réaliste au premier abord, les apprenants se mettent dans la peau de différents habitants et jouent des petites scènes imaginaires nées d'événements proposés par le meneur de jeu. À noter que de nombreuses simulations globales se déroulent sur la Toile, ce qui permet de les pratiquer avec des lycéens ou des étudiants de différents pays, voire continents[9]. Dans ce cas, Internet est utilisé à la fois pour la recherche de supports authentiques destinés à documenter la simulation globale et comme moyen de communication pour la mise en commun des productions.

Ces trois acceptions ne s'excluent pas les unes les autres. Les scénarios proposés dans cet ouvrage correspondent tous à la première acception : une feuille de route précise est toujours fournie, comportant la plupart du temps des tâches ouvertes et des sous-tâches fermées. Beaucoup sont fondés sur une mise en situation, avec ou sans jeu de rôle, et correspondent alors également à la seconde ou à la troisième acception.

CRITÈRES DE CLASSIFICATION

Caractériser et classer les ressources pédagogiques disponibles sur Internet, même après avoir un peu mieux cerné le sujet comme nous venons de le faire, constitue un véritable défi. Un élément facilite toutefois notre tentative : le fait de proposer les activités à distance, à travers Internet, oblige à les formaliser plus qu'on ne le fait habituellement en classe : formulation des objectifs, consignes

7. Voir les définitions du *Dictionnaire de didactique du FLE* (Cuq, coord., 2003, CLE).
8. Voir *L'Immeuble*, de Francis Debyser, Hachette, 1996, et le livre de Francis Yaiche, *Les Simulations globales*. Hachette, 1996.
9. Voir l'article « Romans virtuels », de Monique Perdrillat, dans le *Dossier de l'ingénierie éducative* n° 36 sur « Les communautés en ligne » (2001), disponible sur le site du CNDP (http://www.cndp.fr/dossiersie).

précises indiquant le résultat attendu, indications quant à la mise en œuvre, analyse automatique de réponse (quand cela est possible), etc.

Les critères à prendre en compte pour caractériser une ressource sont nombreux, et nous allons les passer en revue. Suite à cela, nous tenterons d'établir quelques grandes catégories à partir de certains de ces critères, en ayant à l'esprit tout ce que l'on peut trouver sur Internet, et de fournir quelques illustrations de chacune de ces catégories.

Caractérisation d'une ressource pédagogique

Taille (ou durée) de la ressource

Il existe aussi bien des activités extrêmement brèves (une quinzaine de minutes) que des cours complets pouvant s'étaler sur un semestre. Entre les deux, de nombreux scénarios, à l'instar de ceux qui seront proposés en deuxième partie, ont une durée de réalisation allant de 2 à 5 séances de 45 minutes On notera qu'il est rare qu'une ressource de très petite taille puisse vraiment faire sens pour l'apprenant, sauf à être rattachée à une tâche plus importante; or ce critère du sens est fondamental, comme nous l'avons vu plus haut. Certains cours en ligne peuvent être décomposables en unités plus petites, ce qui dépend notamment de la possibilité d'un accès Internet direct à ces unités plus ou moins facile. La question de la taille et de la description des ressources retient l'attention des spécialistes de la formation en ligne qui tentent de définir le « grain » minimal pouvant faire partie d'un plan d'apprentissage et tentent de trouver pour ces grains des descripteurs universels (appelés *Learning Object Metadata*).

Objectifs visés

Dans les méthodes communicatives, l'habitude a été prise, depuis la parution du *Niveau Seuil*, de définir les objectifs en termes de maîtrise de fonctions et notions langagières. Mais il serait préférable de raisonner en termes de situations de communication et de genres discursifs liés à ces situations: on est alors, pour ce qui concerne les activités pédagogiques, dans un « grain » plus gros que la pratique d'un acte de parole. Certains objectifs pourraient être formulés en termes de capacité à se débrouiller dans telle ou telle situation, ce qui inclut, outre les actes de parole habituels, des objectifs de type socio-culturel.

Un type d'objectif à part concerne l'évaluation du niveau en langue, en vue d'un meilleur placement: certains tests en ligne ont pour but d'aider à s'auto-évaluer.

Compétences (ou aptitudes) mises en œuvre

Certaines ressources ne visent que la pratique d'un point précis de grammaire ou de vocabulaire, souvent sous forme d'exercice structural, d'autres se concentrent sur des activités de compréhension (écrite ou orale), d'autres enfin demandent une production, voire une interaction entre apprenants. On peut donc d'une part distinguer la mise en œuvre d'aptitudes de bas niveau, portant plus sur la forme linguistique, d'autre part des aptitudes de haut niveau, de compréhension, de production et d'interaction ; dans tous ces cas, il peut s'agir d'oral ou d'écrit.

◗ Public ciblé (niveau, âge, besoins spécifiques)

Ce critère ne présente pas de spécificité pour les ressources Internet, sinon qu'il faut bien sûr s'assurer que le public a accès à des ordinateurs connectés.

◗ Domaine

Le domaine réfère à la fois à la thématique sur laquelle porte la ressource et aux discours caractéristiques de cette thématique. La Toile est particulièrement riche en discours divers, comme ceux qui sont liés au tourisme, à la santé, à l'économie et au commerce, aux technologies.

◗ Tâche ouverte ou fermée, écrite ou orale

Il s'agit là d'un critère fondamental dès que l'on travaille avec des ordinateurs. Ceux-ci ont en effet la capacité d'analyser certaines réponses, à la condition qu'on leur ait indiqué tous les choix possibles. La tentation est dès lors forte de fabriquer des exercices que les apprenants vont pouvoir effectuer en autonomie, d'autant plus que des logiciels gratuits existent pour ce faire[10]. Mais dès qu'un tant soit peu de créativité est laissée à l'apprenant, l'ordinateur se révèle incapable d'analyser les énoncés produits. On notera qu'il est possible de proposer des tâches fermées sans qu'il y ait analyse par l'ordinateur : il suffit alors de fournir un corrigé, activable par l'apprenant une fois les tâches réalisées, ou bien de prévoir une évaluation par un enseignant ou tuteur. Cette solution est plus souple quand les questions posées sont d'ordre civilisationnel : une analyse par l'ordinateur risque de refuser une réponse à cause d'une erreur minime d'article ou d'orthographe.

Pour les tâches ouvertes, un critère important concerne la production ou les interactions attendues, orales ou écrites : s'il s'agit d'écrit, Internet se révélera un support de communication très commode ; s'il s'agit d'oral, il faudra prévoir la configuration de la participation en classe.

◗ Support filtré ou authentique

Il faut tout d'abord mentionner les ressources ne comportant comme seul support que le texte de l'exercice.

10. Le plus utilisé en langues est *Hot Potatoes* : http://web.uvic.ca/hrd/halfbaked/

Pour les ressources comportant un support externe à l'activité, ce support peut être fabriqué, filtré (texte authentique simplifié) ou authentique. S'il est fabriqué ou filtré, il se trouvera le plus souvent sur le même site que la tâche, alors que s'il est authentique, il se trouvera en général sur un autre site : une spécificité intéressante de la Toile est de permettre d'associer un support authentique, par le biais d'un lien, à des tâches autocorrectives de compréhension. Tous les scénarios proposés dans cet ouvrage font appel à des sites authentiques.

La distinction authentique/fabriqué d'un support est parfois un peu artificielle, si l'on considère que l'authenticité est également déterminée par la réception qu'en font les apprenants[11]. On pense ici à certains jeux ou à certaines narrations particulièrement bien faits, même s'ils ont été réalisés pour l'apprentissage d'une langue : *Chloé ou les aventures d'une Parisienne*[12], les jeux accompagnant la méthode *Didier Bravo*[13], etc.

Nature du support (interactivité, multicanalité, actualité)

La nature du support est évidemment capitale : n'exploiter que des textes écrits non interactifs serait sous-utiliser Internet. On trouve de plus en plus de vidéos brèves, de sons, d'animations : mais un critère important concerne la manière dont ces éléments sont agencés grâce à l'interactivité (voir chap. 1). Par ailleurs, pour certains types de tâches, l'actualité du support constitue un atout. Enfin, Internet présente l'avantage de permettre la consultation du support dans son contexte discursif réel.

Rapport avec la vie réelle

Ce critère, important dans la perspective actionnelle ou dans celle de l'approche centrée sur la tâche, est en grande partie lié au support : il est en effet rare, dans le cadre d'une exploitation d'Internet, que l'on demande à des apprenants de simuler une tâche de la vie réelle sans leur fournir des liens vers des supports authentiques…

Mise en situation par simulation ou jeu de rôle

On a déjà abordé la différence entre simulation et jeu de rôle. Il est assez facile de modifier une ressource pédagogique existante pour la passer d'une catégorie à l'autre, selon que l'on a affaire à des apprenants prêts ou non à endosser

11. Pour Besse et Porquier (1984), un document authentique n'est pas seulement un échantillon prélevé au sein d'échanges ayant réellement eu lieu, mais également un document qui correspond aussi exactement que possible aux intérêts des apprenants, afin que sa réception dans la classe en soit authentifiée.
12. http://www.ur.se/chloe/. Ce site est le fruit d'une collaboration entre quatre radios éducatives nordiques et les instituts ou centres culturels français des mêmes pays (Danemark, Norvège, Suède et Finlande).
13. http://www.didierbravo.com

une personnalité différente de la leur (question d'âge, de culture, de contexte d'apprentissage...).

◗ Scénario de communication

On se réfère ici à ce qu'Ellis (2003) appelle *participatory structure*, à savoir l'organisation des contributions des apprenants et de l'enseignant à la réalisation de la tâche. Dans le cas d'activités individuelles ne faisant pas l'objet d'une mise en commun, ce critère n'est pas pertinent. Dans les autres cas, il convient de déterminer d'une part si le travail collectif s'effectuera par binômes, par petits groupes ou en grand groupe, d'autre part quel sera le rôle et le degré d'implication de l'enseignant, notamment en ce qui concerne l'évaluation. La communication peut s'effectuer partiellement ou entièrement à distance : dans ce cas, non prévu par Ellis, le choix de l'outil de communication le plus adapté constitue un critère important (voir chap. 2).

◗ Outils requis

L'outil de base sera toujours le navigateur Internet, équipé des plug-in nécessaires (voir chap. 1). En cas de communication à distance, il faudra préparer les outils envisagés, par exemple créer un forum ou un blog. Enfin, en cas d'exposé d'apprenants devant le groupe classe, ne pas oublier que le vidéoprojecteur associé à un logiciel de présentation (comme PowerPoint) peut à la fois soutenir ces exposés (l'exposant se sent plus en confiance) et les rendre plus compréhensibles (grâce au texte écrit sur les diapositives) et attractifs (grâce aux images, animations, etc.) : certains des scénarios de la deuxième partie gagneront à utiliser ce type de dispositif.

Quelques grandes catégories de ressources

À partir du croisement de certains des critères ci-dessus, on aboutit au classement suivant des ressources pédagogiques disponibles sur Internet : exercices, tests, tâches fermées, tâches ouvertes (ou scénarios) avec production écrite, tâches ouvertes (ou scénarios) avec interaction orale, cours ou compléments de cours, magazines pédagogiques. Pour chacun de ces types de ressources, nous fournirons des exemples commentés ; ces exemples concernent prioritairement le FLE, mais il sera facile d'extrapoler aux autres langues.

◗ Exercices

Pour Besse et Porquier (1984), « un exercice pourrait être défini comme une tâche langagière ponctuelle à caractères répétitif, contraint et métalinguistique marqués, tâche demandée par le professeur aux étudiants et évaluée par lui ». Des milliers d'exercices sont disponibles sur la Toile, destinés à faire pratiquer la grammaire ou le lexique. Mais à part la mutualisation de ce type de ressource, on peut se demander quelle est la spécificité apportée par Internet. De nombreux exercices pourraient avec profit être transformés en **tâches fermées** si les QCM, les exercices lacunaires, les remises en ordre et les appariements (il s'agit là des quatre types d'exercices les plus courants) s'appuyaient sur des supports authentiques trouvés sur la Toile.

Une tentative intéressante de présenter des exercices traditionnels dans le contexte d'un scénario ludique est constituée par le site *Polar FLE*[14] : il s'agit d'élucider un crime, l'enquête étant entrecoupée par de nombreux exercices ; les auteurs ne sont cependant pas parvenus à intégrer réellement ces exercices à la trame narrative. Signalons également le *Dictateur*[15], réalisé par l'Université de Calgary et permettant de faire des dictées autocorrigées en écoutant des textes (authentiques dans leur version écrite) avec accent français ou québécois au choix...

Un site anglais, *Zut !*[16], offre une gamme impressionnante d'exercices, dont beaucoup sont sonorisés, correspondant aux trois premières années d'apprentissage du français.

Il faut enfin signaler les manuels de langue dont les éditeurs fournissent des compléments en ligne, sous forme d'exercices autocorrectifs[17]. Dans certains cas, on observe un mélange d'exercices, de tâches fermées, voire de tâches ouvertes, comme dans le site *Reflets* sur Internet (http://www.fle2.hachette-livre.fr/Hachette_reflets/reflets_internet.htm).

Tests en ligne

Dans la perspective de se positionner avant l'inscription à un cours de langue, ou bien simplement de s'auto-évaluer, les tests en ligne peuvent présenter un certain intérêt. Comme ils sont autocorrectifs, ils ne peuvent bien sûr mesurer que la compréhension écrite et orale ainsi que la maîtrise du vocabulaire et de la grammaire. Il faut avant tout, dans cette catégorie, signaler *Dialang*[18], l'aboutissement d'un projet européen permettant non seulement de tester ses capacités dans différentes langues (14 langues européennes), mais encore de se voir prodiguer un certain nombre de conseils pédagogiques.

Le CNED (Centre national d'enseignement à distance) propose un petit test de FLE, plus ludique qu'ambitieux : le « Test de Charlotte »[19]. Radio France International (RFI), dans sa rubrique « La langue française »[20], contient un entraînement au TCF (Test de connaissance du français).

14. http://www.polarfle.com
15. http://www.commons.ucalgary.ca/alle/dictateur/
16. http://www.zut.org.uk
17. La méthode *Accord*, de chez Didier, par exemple.
18. http://www.dialang.org
19. Http://www.campus-electronique.tm.fr, choisir « Bilan et orientation », puis « FLE ».
20. http://www.rfi.fr, choisir « Langue française ».

Tâches fermées

Ce type de ressource est infiniment moins fréquent que les exercices. Une des raisons en est sans doute le problème de la **pérennité des liens** : alors que l'exercice, une fois mis en ligne, est autosuffisant et ne nécessite donc aucune « maintenance », la tâche, par définition, s'appuie sur des liens externes qui peuvent ne plus exister ou avoir été modifiés après quelque temps. TV5 propose ainsi des tâches fermées à partir d'ensembles de documents en partie authentiques et en partie fabriqués : voir notamment « L'aventure pédagogique des cités du monde ». RFI pour sa part permet de travailler sur « le journal en français facile », qui se fonde sur des documents filtrés.

Pour qui voudrait étudier le principe de tâches destinées à développer la compréhension et appuyées sur des pages de sites authentiques, un enseignant canadien, Brian Gill, a réalisé tout un cours à distance d'entraînement à la compréhension écrite du français, *Reading French*, cours pour débutants dans lequel tous les supports de lecture sont constitués par des pages de la Toile, accessibles par des liens[21]. Ce cours illustre bien l'idée évoquée plus haut d'activités simples partant de supports complexes.

Un cas assez fréquent dans cette catégorie est celui des cyberenquêtes, comme par exemple les *Cyberbalades dans le Dauphiné*, qui avaient initialement pour but de montrer que l'on peut travailler compréhension et grammaire de manière ludique à partir de sites authentiques[22]. Certaines méthodes américaines proposent des tâches fermées proches des cyberenquêtes en complément aux leçons de leur manuel[22]. L'ouvrage *Internet – 150 activités*[23] a également été réalisé selon le principe des tâches fermées, à quelques exceptions près : il s'adresse ainsi aux apprenants de FLE, qui trouvent à la fin de l'ouvrage un corrigé leur permettant de savoir s'ils ont trouvé les bonnes réponses.

Signalons enfin que de nombreux scénarios, comme certains de ceux qui sont proposés dans cet ouvrage, peuvent combiner des tâches fermées et des tâches ouvertes. Des étudiants en maîtrise FLE de Besançon ont ainsi créé pour des étudiants australiens débutants en français, des ressources comportant de nombreuses tâches fermées destinées à prolonger de manière ludique la méthode qu'ils utilisaient en classe, mais également une ou deux tâches ouvertes par unité[24].

---

21. *Reading French*, réalisé en 1999, semble toujours accessible à l'adresse http://fis.ucalgary.ca/RF/, bien que son auteur ne le tienne plus à jour (certains liens peuvent donc ne plus fonctionner).
22. http://www.u-grenoble3.fr/espace_pedagogique/balades.htm
23. On pense notamment à *Personnages*, de l'éditeur Houghton Mifflin. Chaque chapitre est accompagné de cinq questions fermées sur le thème de la leçon, les réponses étant à chercher sur des sites Internet ; une question ouverte demandant la rédaction d'un paragraphe est également proposée. http://college.hmco.com/languages/french/oates/personnages/3e/students/
24. http://www.u-grenoble3.fr/fle-1-ligne/act02.03.htm

Tâches ouvertes ou scénarios avec production écrite

Si nous distinguons ici les tâches avec production écrite de celles avec production orale, c'est que le scénario de communication ne sera pas le même. Les tâches avec production écrite sont par exemple exploitables dans le cadre d'une formation entièrement ou partiellement à distance (voir le chapitre suivant pour les différents types de dispositifs) : il est facile de prévoir un forum, un *wiki* ou des blogs sur lesquels les apprenants viendront placer leurs productions, puis commenter celles des autres ; on peut également imaginer des discussions en ligne sur tel ou tel sujet.

Un certain nombre de scénarios disponibles à partir de la Toile prévoient la possibilité d'une production écrite : dans la très complète simulation globale *Le Cirque*[25], une partie des productions est à réaliser par écrit, tandis qu'*Une fin de semaine dans le Dauphiné*[26] prévoit, pour l'ensemble de la mise en situation, une alternative orale et une alternative écrite. Une enseignante de l'université de San Diego, Michèle Magnin, propose tout un cours de pratique de l'écrit à partir du principe des simulations globales[27]. Dans une perspective communicative, il convient simplement d'éviter la production écrite destinée au seul enseignant.

Tâches ouvertes ou scénarios avec interaction orale

Il s'agit là d'activités à exploiter en situation de classe, dans la mesure où elles ont pour objectif de provoquer un travail de groupe et des interactions entre pairs : on se situe pédagogiquement au plus près de la perspective décrite au début de ce chapitre. Souvent, on alternera des séances en salle informatique et des séances en classe, mais les apprenants peuvent également préparer leur production en autonomie, si leur niveau le permet ; c'est essentiellement pour la partie interactive que la présence de l'enseignant est indispensable, afin de fournir une aide, d'animer les échanges, de corriger les erreurs, d'évaluer. Ce sont souvent des enseignants du secondaire ou des étudiants se formant à l'enseignement qui conçoivent de telles tâches et les mettent en ligne[28]. Le principe général en est presque toujours le même : une série de consignes indiquant de manière précise la production attendue amène à consulter plusieurs sites authentiques, dont les liens sont fournis.

La dimension la plus intéressante du magazine de FLE *Bonjour de France*[29], réalisé par Thierry Perrot, est constituée par les « mises en situation » proposées, avec les nombreux liens qui les accompagnent, plus que par les exercices assez traditionnels.

---

25. http://projects.edtech.sandi.net/langacad/lecirque/
26. http://www.u-grenoble3.fr/espace_pedagogique/simul.htm. Les liens ne sont pas tenus à jour.
27. http://home.sandiego.edu/~mmagnin/PagePedagogique.html
28. Nombreux scénarios disponibles à : http://www.u-grenoble3.fr/espace_pedagogique/scenario.htm
29. http://www.bonjourdefrance.com

Un cas particulier est constitué par les interactions orales à distance, celles-ci pouvant être synchrones ou asynchrones. Dans le cadre du projet déjà mentionné *Le français en première ligne*[30], les étudiants de maîtrise FLE ont ainsi demandé aux étudiants australiens d'enregistrer des anecdotes et de les envoyer en attachant leurs fichiers son à des messages de forum ; le genre de production demandée, à caractère monologique, convenait bien à cette modalité. L'Open University utilise pour sa part une plate-forme permettant les échanges oraux synchrones par petits groupes, *Lyceum*, dont nous reparlerons au chap. 4, p. 64.

Signalons enfin que des tâches fermées peuvent parfois constituer une bonne préparation aux scénarios ouverts, en ce qu'elles amènent les apprenants à se confronter au matériau langagier qu'ils auront ensuite à utiliser.

Cours ou compléments de cours

Des universités nord-américaines (Canada et États-Unis) ont parfois mis en ligne des ensembles de ressources suffisamment vastes (en termes de granularité) pour être considérés comme de véritables cours ou compléments de cours. Bien sûr, certaines sous-parties de ces ensembles sont elles-mêmes classables selon les catégories déjà évoquées (exercices, tâches fermées et ouvertes), mais les sites indiqués ci-dessous proposent en sus des supports internes et possèdent suffisamment de cohérence pour faire l'objet d'une catégorie à part.

• Dans un premier cas, il s'agit de **cours généraux de FLE**, comme *Français interactif*[31] de l'université du Texas, et la cohérence est alors assurée par le fait qu'il existe une progression, comme dans une méthode. La BBC propose un cours complet en ligne, *French Steps*, de même que des ensembles plus modestes constituant plutôt des produits d'appel pour les méthodes vendues par cet organisme[32]. On trouve également de tels cours en ligne pour de nombreuses autres langues étrangères. Il peut s'agir de supports intéressants pour des pratiques autodidactiques, mais leur intégration dans un cours de langue se révélera plus problématique, à moins de n'en utiliser que certains éléments parmi les plus intéressants (on notera que le repérage de ces éléments est coûteux en temps). L'approche n'est en général pas de type actionnel. Un cas à part dont on ne parlera pas ici est constitué par les cours en ligne payants, qui ne prévoient alors pas seulement des ressources mais également une intégration dans un dispositif souvent complexe et un accompagnement pédagogique par des tuteurs.

• Dans un second cas, il s'agit de sites abordant certaines **compétences partielles** visées par l'apprentissage d'une langue. *Zut !*, déjà cité, pourrait presque entrer dans cette catégorie en ce qui concerne les actes de parole et le vocabu-

30. Voir http://www.u-grenoble3.fr/fle-1-ligne
31. http://www.laits.utexas.edu/fi/
32. http://www.bbc.co.uk/languages/

laire. *Le Lexique*, réalisé par une enseignante américaine[33], contient non seulement des listes de termes présentées selon sept grandes thématiques (l'école et les études, la cuisine, etc.), mais également quelques tâches fermées et ouvertes : ce site pourrait éventuellement être indiqué comme aide pour la réalisation de certains scénarios liés aux thèmes abordés. *Civilisation française*[34], enfin, comme son nom l'indique, comporte de nombreuses informations sur la France, classées selon 19 grands thèmes et comportant de très nombreuses photos authentiques ; ces informations sont complétées par des exercices, par des liens externes vers des sites authentiques liés au thème, et parfois par des vidéos. Là aussi, on peut imaginer utiliser tel ou tel thème comme source de documentation pour des apprenants à qui des données fabriquées ou filtrées conviennent mieux que des données authentiques.

• Enfin, certains sites s'intéressent à l'apprentissage du **français sur objectifs spécifiques.** *Le français en affaires en Amérique du Nord et au Québec*[35], réalisé par une université de Montréal, contient plutôt des ressources pour l'enseignant, mais un apprenant suffisamment autonome y trouvera des « points de langue » bien expliqués, des tâches fermées et ouvertes fondées sur des documents authentiques ainsi que des mises en situation. RFI propose *Comment vont les affaires*, un feuilleton radiophonique (fabriqué) en vingt épisodes, intéressant pour la compréhension orale et la civilisation, mais ne comportant ni exercices ni tâches (traduction et commentaires sont en anglais ou en espagnol).

Le cas des magazines pédagogiques

Quelques sites se présentent sous la forme de magazines : on entend par là qu'à l'inverse des sites de la catégorie précédente, qui sont en général d'une grande stabilité, des éléments nouveaux sont régulièrement ajoutés, selon une certaine périodicité. Deux exemples sont assez connus en FLE, *Bonjour de France*, déjà cité, et *Canal Rêve*[36]. Il ne nous semble pas que ces sites puissent constituer une catégorie à part entière : ils jouent en effet, par certains côtés, un peu le rôle de sites portails, en fournissant des liens vers des ressources brutes, et comprennent par ailleurs des ressources pédagogiques pouvant presque toujours venir se ranger dans les catégories examinées plus haut (exercices et tâches).

33. http://cr.middlebury.edu/public/french/Lexique/
34. http://www.cortland.edu/flteach/civ/
35. PAGE : 30 http://francais-affaires.com/
36. http://babelnet.sbg.ac.at/canalreve/index.htm

CONCEVOIR DES TÂCHES À PARTIR D'INTERNET

Il est conseillé de ne lire cette partie qu'après avoir examiné de près certains des scénarios proposés dans la seconde partie de l'ouvrage : ceux-ci ont en effet été réalisés en essayant de se conformer aux grands principes qui vont être évoqués ci-dessous.

Partir du support ou de l'idée de tâche ?

L'élément crucial d'une tâche bien conçue est le **lien support/activité**. On peut préciser cette idée en disant que l'activité demandée aux apprenants (à travers les consignes) doit s'articuler fortement au support multimédia servant de ressource, **sur le plan sémantique** (le sens de l'activité doit être en cohérence avec le sens véhiculé par le support) et **sur le plan linguistique** (le support doit contenir des éléments langagiers pouvant être repris dans l'activité de production) ; le **plan pragmatique**, pour sa part, peut être assuré par le **scénario**. On trouve une formulation plus détaillée de la même idée à l'entrée « Authentique » du *Dictionnaire de didactique du FLE* (CLE, 2003) :

> Le document authentique n'a de sens qu'inséré dans le cadre d'un programme méthodologique précis et cohérent [...] et s'il est exploité dans ses qualités intrinsèques. Il est donc nécessaire de mettre en place des stratégies d'exploitation qui respectent la situation de communication véhiculée par le document authentique et de tenter de restituer l'authenticité de sa réception. [...] L'essentiel reste que l'apprenant le perçoive comme authentique et que les démarches pédagogiques lui confèrent une vraisemblance communicative.

Dans ces conditions, on peut se demander s'il vaut mieux trouver tout d'abord une idée de tâche, puis chercher un ou des supports, ou bien à l'inverse commencer par chercher des supports sur la Toile. La première approche permet d'intégrer plus facilement la tâche au programme de cours : telle leçon abordant tel thème, on va chercher à construire une tâche sur ce thème. Mais le risque est de ne pas trouver de support adéquat ou de perdre beaucoup de temps à en trouver un. La seconde approche est en général utilisée quand on a découvert un site particulièrement attractif et que l'on souhaite l'exploiter avec des apprenants.

Dans la réalité, l'enseignant (ou l'étudiant en formation didactique) a le plus souvent déjà une bonne représentation de ce qu'Internet peut fournir et croise ces représentations avec ses objectifs pédagogiques ; il est donc souhaitable d'avoir une certaine familiarité avec la Toile. Inutile, par exemple, de chercher une chanson précise interprétée par un chanteur précis : la plupart du temps, on ne trouvera cette chanson que par des moyens illégaux.

La conception du scénario *Fin de semaine dans le Dauphiné*, réalisé à une époque (1999) où les sites de la Toile étaient beaucoup moins nombreux qu'aujourd'hui, peut illustrer les propos qui précèdent. On avait au départ une idée globale de cette simulation : choix de la région, de la situation (des jeunes désireux de passer un week-end) et de quelques tâches possibles (se déplacer, se loger, se nourrir, etc.). Pour le voyage, l'hébergement et les restaurants, on était sûr de trouver les supports appropriés. Concernant les activités sportives données à choisir, on était beaucoup moins sûr de trouver des sites adéquats ; l'idée de la randonnée, par exemple, est venue de la découverte d'une page présentant de manière très simple, avec texte, schéma et photos, une des balades les plus populaires de la région grenobloise. De même, l'idée de l'achat d'un souvenir est-elle née de la découverte d'un site présentant cinq spécialités régionales. On voit que des allers et retours fréquents entre idées et supports peuvent donc avoir lieu.

Tâches fermées ou ouvertes ?

Une des premières questions que l'on se pose généralement au moment d'exploiter Internet avec ses élèves est celle du type de tâche que l'on va concevoir : souhaite-t-on plutôt que l'apprenant puisse travailler en autonomie sur des tâches fermées ou bien prévoit-on au contraire d'être présent, en classe ou en ligne, ce qui permet d'envisager des productions / interactions ouvertes ? Notons que les scénarios combinent souvent les deux possibilités, qui présentent toutes deux avantages et inconvénients.

Avantages et limites des tâches ouvertes

La seule limite des tâches ouvertes est qu'elles nécessitent l'intervention d'un enseignant, en direct (pour l'oral) ou en différé (pour l'écrit). On verra au chapitre suivant les différentes modalités d'intégration de ces tâches à un cours de langue. L'avantage est bien sûr que seules les tâches ouvertes permettent de réellement pratiquer la langue.

Avantages et limites des tâches fermées

Un générateur comme *Hot Potatoes* permet de concevoir QCM, exercices à trous, quiz, appariements, puzzles, mots croisés s'appuyant sur des contenus authentiques présents ailleurs sur la Toile, grâce à la possibilité de poser des liens dans l'exercice même. Ce principe, qui permet notamment d'élaborer d'intéressantes activités de compréhension écrite et orale, est exploité par un certain nombre de sites pédagogiques de FLE. Mais plusieurs limites sont à signaler, ce qui explique sans doute que les activités disponibles sur Internet soient infiniment moins nombreuses que les exercices.

- Une tâche fermée, comme cela a été dit, peut pointer vers un document précis disponible sur la Toile ; mais l'adresse de ce document peut être amenée à changer, voire à disparaître. On aura alors tendance à vouloir télécharger le document, afin qu'il soit sur le même site que la tâche, ce qui garantit la pérennité de cette dernière. Mais ce faisant, on se met en infraction avec les règles du copyright.

• La création de tâches non seulement autocorrectives mais également, dans l'idéal, autosuffisantes en termes d'explications, de feed-back, d'aides, est très coûteuse en temps. Il faut en effet trouver des documents supports intéressants, élaborer les activités proprement dites et fournir tout le support nécessaire pour que les étudiants puissent travailler en autonomie.

• Se pose également la question de la langue des questions, aides et feed-back ; plus la langue cible est éloignée de la langue maternelle des apprenants, plus il est logique d'employer la langue maternelle. Mais la ressource créée n'est alors utilisable que par les locuteurs de cette langue.

Quelques sites, presque toujours liés à des médias, proposent à la fois des documents authentiques (textes, enregistrements sonores, vidéos) et des tâches fermées autour de ces documents ; il s'agit souvent d'activités de compréhension. Étant donné les limites signalées ci-dessus, il serait dommage de ne pas se servir de ces ensembles relativement stables de documents / tâches, quitte à prolonger ce qui est proposé par des tâches ouvertes. On citera notamment le site de TV5 (http://www.tv5.org), très riche de ce côté-là, celui de Radio France International (http://www.rfi.fr), bien connu des enseignants de FLE, et un site belge moins connu, *Internet actuel* [37] ; ce dernier, conçu par l'éditeur belge Van In comme prolongement de méthodes de FLE sur papier, propose, grâce à un partenariat avec un quotidien belge, un grand nombre de documents textuels accompagnés de tâches fermées non interactives (des corrigés sont néanmoins proposés), de tâches ouvertes et de liens.

Médiation ou médiatisation ?

V. Glikman (2002) montre que l'on peut classer les formations à distance selon deux axes, celui de la médiatisation (technologique) et celui de la médiation (humaine). Il en va de même pour l'utilisation des technologies de l'information et de la communication en langues. Des tâches fermées bien conçues, appuyées sur des contenus authentiques et offrant des feed-back et des aides dans la langue maternelle correspondent à un degré important de médiatisation ; le temps (et donc le coût) de fabrication en est élevé, par contre elles permettent ensuite aux apprenants de travailler de manière autonome. Les tâches ouvertes ou les scénarios, de leur côté, nécessitent un degré moindre de médiatisation et à l'inverse une médiation pédagogique beaucoup plus forte ; ils permettent une production écrite ou orale et lui donnent du sens ; ils se réaliseront en groupe classe ou dans le cadre d'apprentissages collaboratifs à distance, certaines phases pouvant avoir lieu en autonomie.

37. http://www.vanin.be/nl/html/sec/uitgaven/frans/internetactuel/n36_00.htm

Aides d'arrière-plan pour la réalisation de la tâche

Un dernier point à prévoir concerne les aides à la réalisation de la tâche, que l'on pourrait appeler « ressources d'arrière-plan », dans la mesure où leur activation par l'apprenant reste facultative. Il est devenu classique de fournir un lien vers des dictionnaires et des grammaires en ligne. De manière plus originale, on peut se servir de certaines ressources pédagogiques comme ressources d'arrière-plan, par exemple pour une aide lexicale ciblée ou pour une aide à la prononciation des mots : ce sera le cas des scénarios proposés dans la deuxième partie de cet ouvrage, dans la rubrique « Aides linguistiques en ligne ».

Nécessité d'une feuille de route

Un scénario un tant soit peu ambitieux sera le plus souvent divisé en plusieurs étapes ; les différents apprenants n'avanceront pas à la même vitesse. Il est donc fondamental qu'à chaque moment, l'apprenant ait à sa disposition des instructions claires lui permettant de savoir précisément ce qu'il a à faire, avec quels outils et quels supports : un des intérêts du travail sur ordinateur consiste à libérer l'enseignant du rôle de pourvoyeur direct de consignes et de permettre ainsi à chaque apprenant d'avancer à son rythme et selon ses choix. Les feuilles de route fournies dans la seconde partie de l'ouvrage sont un exemple de la manière dont ces instructions peuvent être fournies.

Trois possibilités matérielles s'offrent au concepteur de la tâche pour fournir à l'apprenant instructions, consignes, liens, aides, etc. Une simple feuille photocopiée peut faire l'affaire, l'inconvénient étant simplement que l'apprenant devra taper les adresses dans le navigateur, avec tous les risques d'erreurs que cela comporte ; plus les adresses sont nombreuses, moins cette solution s'avère adéquate. Une seconde possibilité consiste à fournir les mêmes indications dans un fichier en format traitement de texte ou même html (les traitements de texte proposent une option de sauvegarde dans ce format) ; la question qui se pose alors est la manière de faire passer les fichiers sur les ordinateurs où travaillent les apprenants : diverses solutions sont envisageables, notamment selon que l'on travaille en réseau local ou non[38]. Enfin, une dernière solution consiste à utiliser une plate-forme d'enseignement en ligne, qui permet de mettre facilement les feuilles de route à disposition des apprenants, de recueillir leurs travaux et d'établir une communication entre les différents acteurs ; mais il faut disposer d'une telle plate-forme (qui n'est pas spécifique aux langues), ce qui sera sans doute de plus en plus souvent le cas dans les établissements scolaires et universitaires[39].

38. Un envoi par courriel est notamment envisageable, une fois qu'on a collecté les adresses de tous les apprenants.
39. À défaut de plate-forme, la feuille de route et les consignes peuvet être mise sur un blog.

Chapitre 4 Dispositifs d'apprentissage intégrant le multimédia

Il est évidemment possible d'exploiter ponctuellement une ressource pédagogique multimédia, indépendamment des cours que l'on assure par ailleurs : cela constitue alors souvent pour les étudiants une agréable diversion. Mais il est plus efficace et satisfaisant **d'intégrer** l'utilisation d'Internet au programme (syllabus) que l'on assure. On proposera la définition suivante : « **l'intégration des TICE**, c'est quand l'outil informatique est mis avec efficacité au service des apprentissages[1] ». L'efficacité implique un gain à un niveau ou à un autre : temps d'apprentissage supplémentaire pour les apprenants (quand des travaux en ligne sont proposés hors du temps de classe, par exemple), réduction de la taille des groupes pour la conversation (du fait que certains apprenants sont occupés à travailler sur ordinateur), réduction du nombre d'heures en présentiel (et donc plus grande flexibilité de l'apprentissage), motivation plus importante, nouvelles formes d'interactions entre pairs. Il convient alors d'une part de penser le dispositif spatio-temporel et humain et d'autre part de prendre conscience du lien entre le type de ressource auquel on fait appel et le dispositif que l'on a conçu. Ces deux entrées structureront ce chapitre, qui sera illustré par de nombreux exemples.

LES DIFFÉRENTS DISPOSITIFS POSSIBLES

La notion de **dispositif** renvoie à la fois aux moments où les ordinateurs sont utilisés (quand ?), aux lieux d'où l'on se connecte à Internet (où ?), à la configuration de la participation (travail individuel, en groupes, en classe entière), à la présence ou non d'un enseignant (ou tuteur) lors des séances sur ordinateur (accompagnement). En jouant sur toutes ces variables, on obtient des configurations très diverses, dont on donnera plus loin des exemples concrets observés dans des universités, des centres de FLE, des Alliances françaises, des lycées. Mais nous allons tout d'abord analyser les variables séparément, puis examiner une typologie des dispositifs proposée par le ministère de l'Éducation nationale.

1. Voir l'article de F. Mangenot, « L'intégration des TIC dans une perspective systémique », dans la revue *Les langues modernes* n° 3, 2000.

Variables spatiotemporelles et humaines

Quand ?

Les ressources pédagogiques Internet peuvent être utilisées avant la classe, pendant la classe ou après la classe. Dans le premier cas, il s'agit plutôt de préparer les séances présentielles, dans le second d'avoir un support permettant d'enrichir les activités de classe, dans le troisième de prolonger ce qui a été fait en classe. Il existe deux situations institutionnelles d'apprentissage des langues où les groupes classes en présentiel n'existent pas, l'auto-apprentissage en centre de ressources langue (CRL)[2] et l'apprentissage à distance ; dans ces deux cas, une liberté chronologique assez forte existe, limitée simplement par les rendez-vous avec le tuteur dans les CRL et par les éventuels moments de communication synchrone dans la formation en ligne.

Où ?

L'accès à Internet peut avoir lieu à domicile, dans un cybercafé (cas fréquent dans les pays dits « émergents » où le niveau de vie ne permet pas d'avoir un ordinateur chez soi mais où les cybercafés sont répandus et peu coûteux), ou dans une salle équipée fournie par l'institution. Dans ce dernier cas, la manière dont est conçue cette salle constitue un facteur non négligeable.

En termes de disposition des ordinateurs, il existe trois types de salles informatiques : celles qui sont prévues pour des enseignements de bureautique ou informatique, celles qui sont prévues pour des enseignants d'autres matières désireux de s'y rendre avec leur classe et celles qui sont plutôt prévues pour un usage individuel, en auto-apprentissage. Dans le premier cas, les ordinateurs sont souvent sur des tables disposées en rangées, comme dans une classe traditionnelle, disposition qui ne favorise ni le travail de groupe ni surtout la circulation de l'enseignant parmi les étudiants : un tel type de salle semble plutôt prévu pour un enseignant restant sur l'estrade et dictant aux apprenants ce qu'ils doivent faire, ce qui n'est pas autonomisant. Dans le second cas, dans l'idéal, les ordinateurs se trouvent contre les murs, ce qui permet à l'enseignant de voir facilement ce qui se passe sur les écrans et d'aider les apprenants à la demande ; des tables au centre de la pièce permettent des regroupements pour une mise en commun du travail réalisé sur ordinateur. Dans le troisième cas, il s'agit de favoriser le travail individuel et on essaie donc de placer les ordinateurs selon des angles différents, en rosace, par exemple, afin que les utilisateurs ne se gênent pas. Mais une autre variable entre en ligne de compte : les ordinateurs sont-ils simplement reliés par le réseau, Internet ou local, ou bien a-t-on affaire à un **laboratoire multimédia**[3],

2. Voir *Les Auto-apprentissages*, de Marie-José Barbot. CLE International, 2000.
3. Voir *Dossier de l'ingénierie éducative* n° 27, consacré à ce sujet. http://www.cndp.fr/dossiersie

où une « console-maître » contrôle les autres ordinateurs et permet la communication d'un poste à l'autre ? Ce dernier cas nous semble peu favorable à une utilisation avec une classe, pour deux raisons. D'une part, l'enseignant doit surmonter une difficulté supplémentaire, un tel système devant être maîtrisé à la fois sur le plan technologique et sur le plan de son usage. D'autre part, il est plus intimidant d'entrer en communication avec les apprenants par le biais des machines que de pratiquer une « pédagogie par-dessus l'épaule », comme disent les Québécois. Les institutions ayant acheté à grand coût de tels laboratoires voient d'ailleurs souvent ces équipements délaissés par les enseignants.

◗ Configuration de la participation

Les apprenants peuvent travailler individuellement, par paires, en petits groupes ou en groupe classe. Dans le cas d'un travail à distance, on a vu que toutes ces configurations étaient possibles. Dans les CRL, on a le plus souvent affaire à un travail individuel. En classe, l'enseignant a évidemment toute latitude, mais s'il se rend en salle informatique, il devra choisir (si l'équipement le permet) de mettre un ou deux apprenants devant chaque ordinateur ; la seconde solution est souvent préférable, pour susciter des interactions entre pairs, souvent favorisées par le travail devant l'ordinateur.

◗ Accompagnement pédagogique

Toute situation d'apprentissage institutionnelle présuppose un accompagnement pédagogique, sous une forme ou sous une autre ; dans le cas inverse, on parle d'autodidaxie. En CRL, l'accompagnateur est souvent nommé « conseiller », dans les environnements à distance, « tuteur ». Mais même en situation de classe, l'enseignant peut jouer d'autres rôles que celui de transmetteur de connaissances : les TICE, quand elles sont bien utilisées, transforment l'enseignant en organisateur ou en ingénieur des apprentissages. On notera d'ailleurs l'appartenance des termes ingénieur, ingénierie et dispositif au même champ lexical.

Typologie Compétice

Soucieux de voir les enseignants du supérieur plus et surtout mieux utiliser les TICE, la Direction de la technologie du ministère de la Recherche a demandé à un groupe d'experts, coordonné par F. Haeuw, d'étudier les compétences requises pour bien utiliser les technologies[4]. Ce groupe a distingué cinq types de dispositifs (qu'ils appellent « scénarii »), montrant que les compétences à acquérir sont de plus en plus importantes quand on passe du premier au cinquième ; on notera que dans l'esprit de ces experts, les compétences peuvent être réparties entre différents acteurs.

4. Voir http://bd.educnet.education.fr/competice/superieur/competice/index.php

▸ **Le « présentiel enrichi » :** c'est le cas de l'enseignant qui utilise un vidéoprojecteur pour présenter des données multimédia au groupe classe. La pédagogie reste centrée sur l'enseignant, mais celui-ci doit avoir des compétences « éditoriales » pour préparer son exposé, à partir de données recueillies sur Internet, par exemple.

▸ **Le « présentiel amélioré » :** l'enseignant propose un certain nombre de ressources (en général en ligne) avant et après le cours. En langues, il peut ainsi proposer des documents à consulter avant le cours, organiser un forum de discussion pour prolonger une discussion commencée en classe, proposer des exercices de renforcement par rapport à une notion étudiée, etc. Les compétences requises sont ici « éditoriales » et « communicatives ». L'institution doit fournir les outils nécessaires, plate-forme de formation en ligne ou centre de ressources équipé d'ordinateurs.

▸ **Le « présentiel allégé ».** L'idée est de remplacer, dans une proportion variable mais pas majoritaire, des heures de cours en face à face par des heures d'auto-apprentissage pouvant être tutorées par d'autres personnes que l'enseignant. Il est alors crucial que les heures en autonomie soient liées à ce qui se fait en classe et que les tuteurs, s'il s'agit de personnes différentes, se coordonnent avec l'enseignant. Un enseignant isolé ne peut pas décider de travailler selon un tel dispositif : son administration doit tout d'abord accepter l'idée que des heures présentielles soient remplacées par un autre type de travail ; comme dans le dispositif précédent, des outils doivent être mis à disposition des enseignants et des apprenants ; enfin, l'aide d'un ingénieur pédagogique sera souvent nécessaire pour aider à la conception des tâches effectuées en dehors des séances présentielles et à leur bonne articulation avec les cours en face à face.

▸ **Le « présentiel réduit » :** cette fois, l'essentiel de la formation se fait en dehors de la présence de l'enseignant, mais on peut tout de même conserver des regroupements réguliers (par exemple, tous les quinze jours). Le travail en CRL correspond à ce dispositif, dans la mesure où les contacts avec le tuteur (ou conseiller) ne représentent qu'une partie relativement faible du temps d'apprentissage. La dimension ingénierique est encore plus forte que dans le dispositif précédent.

▸ **Le « présentiel quasi inexistant » :** on est dans le cas de la formation à distance. Il peut y avoir un regroupement au début, pour expliquer le fonctionnement de la formation, puis un autre regroupement de régulation vers le milieu. Mais l'essentiel du travail se fait sur une plate-forme de formation en ligne. Les enseignants doivent être formés au travail en ligne et les étudiants doivent être assistés dans leur appropriation de l'environnement technologique (existence d'une hot-line, par exemple).

- **Travail en salle informatique avec l'enseignant :** ce cas de figure n'est pas envisagé par Compétice. On pourrait considérer qu'il s'agit de présentiel enrichi, mais il faut noter que la pédagogie n'est pas la même, puisque l'enseignant n'est plus au centre mais intervient en général à la demande des apprenants.

Dispositifs observés en langues

Dans le domaine de l'enseignement / apprentissage des langues, tous les cas de figure décrits ci-dessus peuvent être observés. Nous partirons de situations réelles dans diverses institutions pour souligner, à propos de chaque situation, les avantages obtenus et les difficultés rencontrées. L'ordre de présentation correspond à celui des dispositifs examinés plus haut.

Utilisation du vidéoprojecteur en classe (présentiel enrichi)

En langues, il existe depuis longtemps une tradition d'utilisation du document vidéo en classe, au point que de nombreuses institutions ont équipé leurs salles de cours d'un magnétoscope et d'un moniteur. L'utilisation du vidéoprojecteur est beaucoup moins répandue, ne serait-ce que par manque de salles équipées : devoir apporter son matériel et l'installer, dans des salles qui ne comportent pas toujours une connexion à Internet, est en effet rédhibitoire. Cela dit, l'utilisation la plus intéressante du vidéoprojecteur consiste sans doute à le mettre à la disposition d'étudiants devant faire un exposé. Plusieurs articles font état de telles pratiques[5], notant l'intérêt de soutenir l'exposé oral par une projection d'images et de texte, tant pour ceux qui exposent, à qui le support du diaporama donne plus d'assurance, que pour leur public, qui suit mieux l'exposé. On peut ainsi demander à des apprenants de préparer un exposé à l'aide de sites Internet et de réaliser un diaporama à partir des ressources trouvées (*cf.* scénario « Protéger l'environnement », en deuxième partie, p. 102).

Enseignant allant en salle informatique avec ses étudiants (présentiel enrichi)

Précisons tout de suite qu'un tel déplacement n'est rentable qu'à partir d'une durée d'une heure et demie au moins : le travail sur ordinateurs ne se prête pas à des périodes courtes. Notons également qu'une salle peut fort bien être prévue pour un usage autonome durant certaines plages horaires et pour un usage en groupe à d'autres : c'est la solution qui a été adoptée au CUEF de Grenoble, par exemple, où la salle informatique est disponible le matin pour les enseignants s'y rendant avec leur classe et l'après-midi pour les étudiants de FLE désireux de

5. Par exemple, Schcolnik, M. et Kol, S. (1999). "Using Presentation Software to Enhance Language Learning", *The Internet TESL Journal*, Vol. V, n° 3 (mars 1999). http://www.aitech.ac.jp/ ~iteslj/

travailler en autonomie, sous les conseils d'un enseignant jouant alors le rôle de tuteur. La disposition de cette salle est du type « ordinateurs contre les murs », ce qui convient aux deux types d'usages.

Un exemple d'utilisation d'une salle informatique avec un groupe classe concerne un cours de « Rédaction de textes » d'une durée de 12 semaines à raison de 2 heures hebdomadaires, avec des étudiants de FLE avancés. Désireux de faire pratiquer aux étudiants différents types de textes et disposant d'un logiciel ouvert proposant à la fois des ressources textuelles et des tâches d'écriture, l'enseignant a fait travailler les étudiants en salle informatique la moitié du temps, à savoir une séance sur deux. Le but était de rendre les étudiants plus actifs qu'en classe, grâce aux sollicitations du logiciel, et de favoriser le travail par paires, celui-ci étant plus efficace devant un ordinateur que devant une feuille de papier[6]. Cet exemple ne concerne pas Internet, mais la même approche pourrait fort bien être utilisée à partir de textes et de tâches pris sur la Toile. Dans le cas évoqué, l'enseignant était volontaire pour utiliser la salle et avait conçu l'ensemble de son cours en fonction de cette utilisation.

Il existe par contre des institutions qui obligent les enseignants à utiliser la salle informatique au moins une séance par semaine : de telles pratiques ont été observées au Canada, par exemple. Le résultat est alors souvent que les enseignants, dépourvus de projet, se rabattent sur des exercices en ligne que les étudiants pourraient très bien faire en autonomie. On touche là un premier cas de non-pertinence du type de ressource utilisé par rapport au dispositif ; nous reviendrons plus loin sur cette question.

◗ Prolongement du présentiel par du travail en ligne (présentiel amélioré)

Ce type de dispositif est actuellement le plus fréquent dans les universités du monde anglo-saxon (États-Unis, Canada, Australie, surtout). Chaque université ayant sa plate-forme de formation en ligne, des espaces sont ouverts automatiquement pour tous les cours et les enseignants sont priés (pour ne pas dire contraints) de fournir du contenu consultable ou utilisable en ligne.

Dans le cas de figure le plus minimaliste, l'enseignant fournit son programme précis de cours, quelques liens Internet externes, parfois quelques exercices de grammaire et un forum où il répond aux questions des étudiants (mais ceux-ci, le voyant régulièrement en présentiel, préfèrent généralement poser leurs questions en face à face). Si l'on souhaite que les enseignants, au-delà de quelques pionniers, aillent plus loin et proposent de réelles activités pédagogiques en ligne,

6. Pour plus de détails, lire l'article de F. Mangenot (2000) « Contexte et conditions pour une réelle production d'écrits en ALAO », dans la revue *Alsic* (http://alsic.org).

alors qu'ils ne sont pas rémunérés pour ce travail supplémentaire, il convient de leur offrir un soutien institutionnel.

Ce soutien existe notamment à Grenoble 3, où un projet subventionné par la région Rhône-Alpes, Flodi[7], consiste justement à fournir des moyens technologiques et surtout humains pour réaliser de tels prolongements et ensuite à mutualiser ce qui a été conçu.

Auto-apprentissage intégré à Grenoble (présentiel allégé)

Une manière d'amener étudiants et enseignants à utiliser les technologies consiste à remplacer quelques heures de cours présentiels par des heures d'auto-apprentissage en centre de ressources : il s'agit là d'un des dispositifs proposés à l'université Grenoble 3. Sur les 24 heures que comportent habituellement les cours de langues, 4 à 6 heures sont prélevées pour ce travail autonome. L'enseignant n'a donc plus que 18 heures en face à face, mais il continue à être rémunéré 24 heures : obligation lui est faite de prévoir des tâches à faire réaliser aux étudiants durant les heures de travail en autonomie ; logiquement, le produit de ces tâches est socialisé en classe, par des exposés, des débats, des simulations. Une enseignante d'italien faisait ainsi préparer à des étudiants de sciences politiques des exposés sur différents aspects institutionnels de l'Italie à partir de sites Internet. À l'inverse du cas précédent, on observe dans ce cas une combinaison rationnelle des ressources Internet et des ressources humaines. Mais encore faut-il que les enseignants jouent le jeu de la préparation de tâches pour leurs étudiants, préparation souvent plus coûteuse en temps que les heures dont ils ont obtenu la décharge… Dans le cas inverse, les étudiants réaliseront au centre de ressources des activités coupées de ce qui se pratique en classe.

Un dispositif d'apprentissage en ligne avec des regroupements (présentiel réduit)

Au Pakistan, le réseau des Alliances françaises, associé à une université et financé par l'ambassade de France, a conçu un cours de FLE en ligne, *French Online*[8], destiné aux publics ne pouvant pas venir régulièrement assister à des cours. Les classes présentielles ont été réduites à une séance de deux heures par quinzaine. Trois heures de travail individuel par semaine sont par contre demandées aux inscrits : il s'agit en principe de s'approprier les contenus lexicaux, grammaticaux et fonctionnels de la méthode, par l'écoute de dialogues et la réalisation d'exercices autocorrectifs. Ce travail peut s'effectuer en ligne, mais également avec les livrets et les CD audio fournis avec la méthode : il semble que cette

7. Formations en langues ouvertes et à distance interuniversitaires.
8. http://www.frenchonline-af.org.pk

seconde solution soit la plus courante. Il est bien prévu d'utiliser Internet dans sa dimension de communication, le tuteur assignant de temps en temps des tâches en ligne et étant toujours disponible pour répondre aux questions des apprenants, mais force est de constater que ce mode de travail ne se met que très difficilement en place. Dès lors, *French Online* se présente surtout comme une méthode en ligne (assez traditionnelle par ailleurs), les atouts du multimédia se limitant aux exercices autocorrectifs, qui pourraient aussi bien se trouver sur un CD-Rom. Un étudiant de Grenoble 3 ayant effectué son stage auprès de l'équipe conceptrice du système estime qu'il aurait sans doute fallu d'emblée placer la communication en ligne au centre du système si l'on avait voulu qu'elle soit réellement pratiquée. On notera que ce n'est pas tant l'accès à Internet qui freine ce type de pratique, presque tous les apprenants – en général de milieu aisé – étant équipés à domicile, que les habitudes culturelles d'enseignement et d'apprentissage, fondées sur le « par cœur », sur la répétition, sur la traduction. Réaliser une tâche en ligne à partir de ressources de la Toile, qui plus est en communiquant avec d'autres apprenants, demanderait une double prise d'autonomie : autonomie dans l'utilisation d'Internet et plus largement des technologies (par exemple pour copier/coller des images ou des sons), autonomie dans l'apprentissage de la langue, par une prise de conscience que tout ne vient pas forcément de l'enseignant (ou du cours multimédia).

Le cas des centres de ressources langues (présentiel réduit)

De nombreuses universités ont créé des centres de ressources langues (CRL) pour faire face à l'obligation d'étudier une langue étrangère pour les étudiants de toutes les disciplines : on pense ainsi pouvoir offrir cet apprentissage de manière plus flexible et pour des langues plus variées. Quelques lycées ont également créé des « espaces langues »[9]. Ce dispositif prévoit d'une part des ressources d'apprentissage, d'autre part un accompagnement par des tuteurs ou conseillers, mais la notion de groupe classe n'existe plus. De nombreuses variantes de ce dispositif existent, allant des pratiques les plus prescriptives, où le conseiller impose plus ou moins les ressources que l'apprenant utilisera, aux pratiques les moins directives, où c'est avant tout l'apprenant qui s'autodirige, avec le soutien du tuteur[10]. L'apprentissage commence presque toujours par un entretien avec le conseiller-tuteur, destiné à faire émerger les besoins, les souhaits et le style d'apprentissage ; à l'issue de cet entretien, une liste de

9. Voir un article à ce sujet dans le *Dossier de l'ingénierie éducative* n° 27, déjà cité. L'auteur de l'article, M.-P. Jaecki, présente l'espace langue comme une alternative au laboratoire multimédia, induisant « une pédagogie non frontale, privilégiant la relation directe entre l'élève et le professeur ».
10. B. Albero a consacré tout un ouvrage à l'analyse des pratiques dans une trentaine de CRL : *L'Autoformation en contexte institutionel*. Paris, L'Harmattan, 2000.

ressources est établie et notée sur un livret de liaison, qui servira ensuite de lien entre l'apprenant et le tuteur.

À Grenoble, le centre d'auto-apprentissage (CAA) de la Maison des langues et des cultures permet d'offrir l'apprentissage de langues moins demandées, comme le chinois ou le japonais, pour lesquelles on ne parviendrait sans doute pas à réunir un groupe classe. Mais les tuteurs de ces langues rares ne sont présents, pour une langue donnée, que quelques heures par semaine (5 heures environ), ce qui réduit d'autant la liberté des utilisateurs s'ils veulent apprendre avec la possibilité de faire appel à leur tuteur de manière synchrone.

Un cours à distance de compréhension écrite (présentiel quasi inexistant)

Un enseignant canadien de Calgary, Brian Gill, a réalisé un cours à distance d'entraînement à la compréhension écrite du français, *Reading French*, cours pour débutants dans lequel les supports de lecture sont constitués par des pages de la Toile, accessibles par des liens[11]. On peut en décrire un peu plus précisément le dispositif, intéressant à plus d'un titre. Tout d'abord, ce cours est proposé comme alternative à un cours du même nom et aux mêmes objectifs proposé en présentiel : les étudiants sont informés des avantages (ne pas être obligés de se déplacer), mais également des contraintes de cette formule (nécessité d'un travail régulier sans qu'un emploi du temps fixe vienne les y contraindre) ; ils choisissent donc en connaissance de cause. Une rencontre présentielle a lieu au début du semestre, durant laquelle le mode de fonctionnement et d'évaluation est expliqué. Puis les étudiants se voient proposer chaque semaine des tâches fermées, toujours fondées sur des supports authentiques en ligne, assorties d'explications – en anglais - sur les stratégies de lecture et sur certains points linguistiques utiles à la compréhension. Ils doivent, chaque semaine, remplir un carnet de bord (*notebook*) en ligne, notant – en anglais – leurs réponses à certaines questions, leurs difficultés, leurs découvertes. L'enseignant consulte et commente régulièrement ces carnets, qui entreront en compte dans l'évaluation finale. Un examen final de compréhension écrite, en présentiel, clôt ce cours, proposé à quatre niveaux différents, à partir des débutants complets en français.

Ce dispositif illustre d'une part l'importance du choix par les étudiants de la modalité de travail à distance, d'autre part l'importance de développer à la fois stratégies et réflexion sur son apprentissage (métacognition). Pour l'enseignant, ce type de cours est beaucoup plus long à préparer, mais une fois réalisé, il est moins contraignant qu'un cours présentiel ; l'enseignant est rémunéré comme s'il faisait un cours normal en face à face, mais il a également obtenu

11. Ce cours semble toujours accessible à l'adresse http://fis.ucalgary.ca/RF/, bien que son auteur ne le tienne plus à jour (certains liens peuvent donc ne plus fonctionner.)

un semestre sabbatique pour la réalisation du cours, ainsi que le soutien d'une cellule technologique[12].

◗ Les cours de langue à distance de l'Open University : *Lyceum* (présentiel quasi inexistant)

L'Open University, par définition, ne propose que des cours à distance. On ne mentionnera ici que son offre la plus récente, utilisant Internet pour permettre la communication orale synchrone. Une plate-forme spécifique, *Lyceum*, a été développée à cette fin.

Le format antérieur des cours à distance comprenait du matériel d'auto-apprentissage envoyé aux apprenants, la mise à disposition d'un forum et des regroupements présentiels pour la pratique de l'oral, 21 heures par année. Actuellement, cette formule est toujours proposée, mais en concurrence avec la formule *Lyceum* qui remplace les regroupements par des séances mensuelles de travail synchrone en ligne ; les apprenants évitent ainsi tout déplacement, mais on notera que leur liberté chronologique n'est pas totale puisque les séances synchrones ont forcément lieu durant des tranches horaires imposées. Un quart environ des apprenants choisissent la formule tout à distance.

Lors d'une séance *Lyceum*, les apprenants se connectent à la plateforme, prennent connaissance de la tâche demandée, se répartissent le plus souvent en sous-groupes dans des salles virtuelles et réalisent leur tâche, avec l'aide de l'enseignant-tuteur qui supervise l'ensemble des groupes en « allant » de salle en salle. Outre la possibilité de dialoguer oralement, les apprenants disposent également d'un chat et, si l'enseignant en a décidé ainsi, ils peuvent partager un « tableau blanc » sur lequel toute modification faite par un étudiant est immédiatement visible par les autres (du même groupe). On imagine que la conception de tâches dans ce type d'environnement diffère de la conception de tâches en présentiel, les spécificités de l'outil technologique et de la situation de communication devant être prises en compte ; l'Open University doit donc former ses enseignants à cette nouvelle forme de pédagogie[13].

LE LIEN ENTRE DISPOSITIF ET TYPE DE RESSOURCE

On conclura ce chapitre par le tableau ci-contre montrant le degré de pertinence d'utilisation des différents types de ressources pédagogiques (voir chap. 3) en corrélation avec le type de dispositif, puis par un retour sur le dispositif qui reste le plus courant, le présentiel amélioré.

12. D'après des entretiens avec l'auteur du cours, Brian Gill.
13. Voir l'article d'Anna Vetter (2004) dans la revue *Alsic*.

Tableau de pertinence ressources/dispositif (en gras, les pertinences maximales)

Ressources / Dispositif	Exercices	Tâches fermées	Tâches ouvertes
Système de projection en classe	Non pertinents	Peu pertinentes, puisque utilisables en autonomie	**Pertinentes** pour alimenter un débat collectif ou pour des exposés
Enseignant avec un groupe d'apprenants en salle informatique	Non pertinents : l'ordinateur-tuteur et l'enseignant font double emploi	Peu pertinentes, puisque utilisables en autonomie	**Pertinentes,** l'enseignant pouvant aider et évaluer à la demande
Auto-apprentissage intégré (lien avec ce qui se fait en présentiel, celui-ci restant prédominant)	**Pertinents**, surtout en remédiation	**Pertinentes,** notamment pour préparer des tâches ouvertes	**Pertinentes**, si les productions sont socialisées et / ou évaluées ensuite
Auto-apprentissage en CRL ou à distance (présence d'un conseiller ou d'un tuteur)	**Pertinents**, mais le tuteur est inutile (sauf pour la prescription)	**Pertinentes**, le tuteur peut être questionné sur les difficultés rencontrées	**Pertinentes**, si évaluation par le conseiller ou par le tuteur
Autodidaxie (aucune intervention pédagogique)	**Pertinents** pour : grammaire, lexique, compréhension de documents fabriqués	**Pertinentes** pour la compréhension (écrite et orale) de doc. authentiques, civilisation	**Possibles** éventuellement, dans le cadre d'échanges avec locuteurs natifs

Retour sur le cas du présentiel amélioré

Suite à ce tableau, on terminera ce chapitre par un examen de la pertinence des ressources que peut utiliser un enseignant pratiquant le présentiel amélioré, selon que les apprenants utilisent Internet avant, pendant ou après la classe.

◗ Ressources Internet en amont de la classe

Si l'on incite les apprenants à utiliser des ressources Internet en amont des séances présentielles, ce sera le plus souvent pour leur faire prendre connaissance de supports dont on se servira ensuite en classe pour provoquer des discussions, des simulations ou des jeux de rôle. Toutes les tâches fermées comportant un support au contenu suffisamment riche conviennent alors bien à cet objectif. Les ressources brutes (authentiques) risquent en effet de se révéler trop complexes pour une consultation en autonomie. L'enseignant peut par contre créer quelques aides et quelques tâches fermées autour d'une ressource brute qu'il aurait trouvée et souhaiterait exploiter, mais cela risque de lui prendre beaucoup de temps et il vaut peut-être mieux alors aborder ce type de ressource en classe. Il peut également demander à ses apprenants d'aller consulter un site pédagogique où serait présenté le lexique – ou des éléments de civilisation - qu'il compte ensuite exploiter en classe.

Un exemple de ressource convenant bien à ce cas de figure est *Chloé ou les aventures d'une Parisienne*, dans la mesure où l'image aide à comprendre les dialogues, où ceux-ci sont transcrits et certains mots complexes expliqués et où des tâches autocorrectives de vérification de la compréhension sont proposées. De la même manière, les infos en français facile de RFI peuvent être écoutées par les élèves avant une exploitation en classe.

Ressources pour la classe

En règle générale, deux types de ressources conviennent mieux à des situations où l'enseignant est présent : les ressources brutes, trop complexes pour les apprenants en autodidaxie, et surtout toutes les tâches ouvertes, pour lesquelles l'enseignant devra assurer à la fois aide et évaluation.

Ressources en prolongement de la classe

Plusieurs types de ressources peuvent venir prolonger un travail en classe. Tout d'abord, tous les types d'exercices grammaticaux ou lexicaux peuvent être conseillés aux apprenants rencontrant des difficultés ponctuelles (par exemple, en conjugaison) et aimant ce genre d'activité. Ensuite, une discussion peut avoir été initiée en classe, sans que le temps ait suffi à l'approfondir suffisamment : un forum sera alors le moyen idéal pour poursuivre le débat. Enfin, on peut fournir aux apprenants les plus motivés des liens vers des ressources brutes venant prolonger, au plan thématique et lexical, ce qui a été vu en classe : articles de journaux, vidéos, sites touristiques, etc.

Le cas des scénarios

Certains scénarios présentés dans la deuxième partie de cet ouvrage commencent par des tâches fermées destinées à sensibiliser les apprenants au thème et à activer leurs connaissances sur le sujet, puis se poursuivent par des tâches ouvertes. Ils se prêtent alors tout naturellement aux trois phases considérées ci-dessus.

Deuxième partie

Scénarios d'exploitation pédagogique

Chapitre 5 Scénarios, mode d'emploi

Les scénarios proposés (voir livre pp. 74-75) suivent tous un même format de présentation. **Un premier tableau présente le scénario de manière synthétique.** Puis une rubrique fournit quelques conseils quant au **scénario de communication** et au dispositif (voir chapitres 3 et 4) selon lesquels le scénario peut être mis en œuvre : parties à faire en autonomie, parties pouvant être réalisées à distance, parties nécessitant un regroupement présentiel, outils de communication à utiliser. Quand le scénario comporte des tâches fermées, un corrigé est proposé. Parfois, une troisième partie, intitulée « Généralisation du scénario », propose d'autres supports, liés à un thème différent, à partir desquels un scénario de même structure peut être élaboré. Enfin, une « **feuille de route** » vient décliner des consignes précises, étape par étape : il s'agit de la partie destinée aux apprenants. Revenons plus en détails sur certains points.

Présentation synthétique

Les premières rubriques sont transparentes et classiques : **Domaine**, **Niveau**, **Public**, **Durée**, **Objectifs**, **Aptitudes visées**, **Description succincte**. S'agissant toujours de scénarios comportant des **tâches**, une rubrique vient préciser la **Production prévue**. Les **Supports** sont toujours des sites Internet ; nous avons essayé de ne retenir que des sites présentant une certaine garantie de stabilité et avons préféré les adresses pointant vers « l'entrée » des sites, quitte à donner ensuite quelques indications de navigation. Les **Critères de réussite** se réfèrent à la production prévue. Enfin, la rubrique **Aides linguistiques en ligne** signale des sites pédagogiques comportant soit une présentation pédagogique de matériaux langagiers considérés comme des pré-requis, soit des exercices de vocabulaire ou de grammaire en lien avec les tâches ; ces **sous-tâches** peuvent ou non être proposées aux apprenants, selon leur niveau, en amont ou en appui du scénario.

Quelques **aides linguistiques génériques** peuvent également être proposées avec tous les scénarios :

– Grand dictionnaire terminologique (permet également la traduction depuis l'anglais) : http://www.granddictionnaire.com

– Dictionnaire des synonymes : http://elsap1.unicaen.fr/dicosyn.html

– Selon la langue maternelle des apprenants, on proposera éventuellement des dictionnaires bilingues en ligne.

– Traducteur en ligne : http://tr.voila.fr ou http://babelfish.altavista.com

– Grammaires en ligne :
  • http://grammaire.reverso.net/
  • http://www.synapse-fr.com/francais.htm
– Phonétique : http://phonetique.free.fr
– Conjugueur : http://www.pomme.ualberta.ca/devoir/
– Cours autodidactique de français écrit : http://www.cafe.umontreal.ca/

Dans la rubrique intitulée **Prolongement** se trouvent des suggestions de tâches supplémentaires en rapport avec le thème du scénario : extraits d'œuvres à lire, film ou extraits de film à voir, production écrite, etc.

Le scénario de communication

Chaque fois que cela est possible, nous avons tenté de proposer un scénario de communication permettant un travail en partie à distance, faisant appel à divers outils de communication : l'idée est alors d'utiliser ces scénarios en prolongement d'un cours de langue présentiel. Bien sûr, tous les scénarios peuvent également se réaliser en salle informatique, en présence de l'enseignant. Entre ces deux cas de figure, tous les cas intermédiaires sont envisageables, et nous invitons nos lecteurs à panacher les différentes modalités, en fonction des contraintes de temps et de lieu auxquelles les apprenants sont soumis, en fonction également de leur degré d'autonomie et de leurs possibilités d'accès à Internet.

Concernant les **outils préconisés**, il s'agit du courriel, du *chat*, des blogs, des forums et des *wikis*. Pour les **bavardages textuels synchrones** (*chats*), on fera appel à des logiciels de **messagerie instantanée** comme Yahoo Messenger ou Windows Messenger, en prévoyant à l'avance les différents groupes de trois à cinq étudiants et en désignant pour chaque groupe un responsable de session qui « invitera » les autres membres (il doit pour cela posséder leurs adresses courriel) et éventuellement l'enseignant, si celui-ci joue le rôle de tuteur. Un horaire précis doit être indiqué à l'avance. Les sessions peuvent être sauvegardées, ce qui permet ensuite de revenir sur certaines erreurs et de mettre en commun les discussions qui ont eu lieu.

Pour les **blogs**, deux cas de figure peuvent se présenter : certains scénarios prévoient un blog collectif, d'autres un blog par étudiant. Dans le premier cas, après avoir créé le blog, l'enseignant devra fournir aux étudiants l'identifiant et le mot de passe permettant la création de nouveaux articles (attention, cette création se fait en général à partir de l'adresse du serveur de blog, http://www.canalblog.com par exemple, et non à partir de l'adresse du blog lui-même). Dans le second cas, ce seront les étudiants eux-mêmes qui créeront leur blog (sur des sites comme http://www.blogger.com ou http://www.canalblog.com), en pensant bien à y introduire des liens vers les blogs de leurs condisciples. La procédure peut être la suivante : chacun crée son blog et en envoie l'adresse à l'enseignant, puis l'enseignant fait un courriel collectif à tous les étudiants avec l'adresse de tous les blogs ; chacun introduit enfin l'adresse des autres blogs sur le sien[1]. Si l'on souhaite pouvoir **mettre en commun des fichiers son**, il faudra créer un **audioblog** (chercher dans Google « Créer un audioblog ») ; les sites http://www.iziblog.net et http://podemus.com, par exemple, proposent ce service gratuitement, avec bien sûr un nombre limité de mégaoctets... Le logiciel Audacity (http://audacity.sourceforge.net) permet l'enregistrement en format MP3.

Concernant les forums, le service offert par les groupes de Google ou de Yahoo devrait faire l'affaire ; il convient de créer un groupe (dont le créateur sera automatiquement l'administrateur), en le déclarant comme « privé », puis d'y introduire les membres souhaités (les étudiants). Chaque étudiant doit posséder un compte (gratuit) chez le prestataire utilisé.

Pour les ***wikis***, enfin, il existe également plusieurs sites gratuits (on peut faire une recherche sur Google en tapant « créer un *wiki* ») ; nous n'en fournirons qu'un seul ici : http://www.cafewiki.org

Dans le cas des outils asynchrones (courriel, blog, forum et *wiki*), il est conseillé de demander aux étudiants de taper leur production sur un traitement de texte, de la passer au correcteur orthographique, si possible de la soumette à l'enseignant, avant de la copier dans l'outil utilisé. Il en va de même quand sont utilisés des sites interactifs demandant la saisie de texte, comme les générateurs de sondages, de cartes postales, etc.

La feuille de route

Toutes les consignes portées sur la feuille de route peuvent bien sûr être modifiées en fonction de votre public. On peut même imaginer que ces consignes soient fournies dans la langue maternelle des apprenants. Des étapes peuvent être supprimées ou rajoutées : attention cependant de ne pas perdre la cohérence globale du scénario. Pour les tableaux à remplir, nous vous conseillons de les créer en traitement de texte et de les fournir aux apprenants, afin qu'ils n'aient plus qu'à remplir les cases. L'enseignant vérifiera les liens juste avant de faire utiliser le scénario ; il est en général facile de trouver un lien équivalent quand un lien ne fonctionne plus.

Parfois, certaines consignes de la feuille de route ne prévoient pas de production à remettre à l'enseignant ou à communiquer aux autres étudiants : il s'agit alors toujours d'une préparation à une étape ultérieure et les étudiants doivent être encouragés à prendre des notes, sur papier ou sur ordinateur.

1. Il existe de nombreux autres sites permettant de créer des blogs gratuitement ; ceux-ci comportent plus ou moins de publicité, ce qui peut constituer un critère de choix. Ce facteur étant très fluctuant, nous ne donnerons ici aucun conseil particulier.

	Scénarios	Niveau	Thèmes	Grammaires
1	**Célébrités françaises du spectacle**	A1, A2	La chanson, le cinéma	Questionnement
2	**À la recherche d'un logement universitaire**	A2, B2	Le logement	Localisation
3	**La lecture**	A2, B1	La littérature	Cause, argumentation
4	**Le journal télévisé**	A2, B1 et +	Les actualités télévisées	Comparaison, nominalisation, temps du passé
5	**Séjourner à Grenoble**	A2, B1	Le tourisme	Partitifs, comparaison
6	**Forum du *Guide du routard***	A2, B2	Les voyages en France et à l'étranger	Donner et demander des conseils, poser des questions et y répondre
7	**Protéger l'environnement**	A2, B2+	L'écologie, l'environnement	Futur, comparaison, articulateurs
8	**Le repas de Noël**	B1	Noël, cuisine, règles du savoir-vivre	Impératif, comparaison, quantité
9	**L'interview**	B1 +	Le cinéma, le football	Questionnement
10	**Partager un appartement**	B1, B2	L'immobilier, la colocation	Localisation, futur, passé composé
11	**L'école en France**	B1, B2	L'éducation, le système scolaire	Donner son opinion, poser des questions, opposition
12	**Les aventures de Tintin**	B1, B2	La bande dessinée	Cause
13	***La Marseillaise***	B1 à C1	L'histoire de France	Interrogation, temps du passé, passif
14	**Les impressionnistes**	B2	La peinture, les arts	Nominalisation
15	**Revues de presse**	B2, C1	Les informations	Passif, nominalisation
16	**La photographie**	B2, C1	L'histoire de la photographie	Passif, nominalisation
17	**Choisir un métier**	B2, C1	Les études et les métiers	Partitifs
18	**Les villes de France et les statistiques**	B2 à C1	Économie, démographie	Comparaison, démonstratif, interrogation
19	**Arsène Lupin**	B2, C1	Le roman policier, le cinéma, les régions de France	Négation, localisation, temps du passé
20	**Le plus grand Français de tous les temps**	B2+	Les Français célèbres	Cause, temps du passé,

Lexique	Savoir-faire transversaux
Description physique Vêtements	Donner et suivre des consignes
Habitat	Connaître les documents administratifs, se repérer sur un plan, écrire un courriel amical
Vocabulaire du sondage	Connaître les citations, créer un sondage
Actualité française et mondiale	Prendre part à un forum
Paysage, activités sportives et culturelles, cuisine, vacances	Faire un projet de voyage, recherche d'informations
Lexique du voyage	Prendre part à un forum
Environnement, écologie	Donner des conseils, la synthèse
Alimentation, fêtes	Écrire un lettre d'invitation ou une carte de vœux
Cinéma, sport	Établir un budget prévisionnel, rechercher des informations, mener une interview, argumenter
Habitation, description d'un appartement, description morale d'une personne.	Écrire un courriel amical, connaître les documents administratifs
Système scolaire	Interpréter et faire un sondage, argumenter, participer à un forum
Qualités et défauts, description physique,	Lecture repérage de textes authentiques, lecture de bandes dessinées
Les symboles d'un pays	Donner son avis, réflexion métalinguistique sur les erreurs de traduction, synthèse
Art, peinture	Décrire un tableau, donner son avis, faire un exposé oral
Actualité politique et sociale	Faire des titres
Prise de vue	Rechercher des informations, décrire, raconter
Métiers, études professionnelles	Écrire un CV, écrire une lettre de motivation
Économie des entreprises	Faire un sondage, demander un avis et donner son avis
Description physique et morale	Exprimer une critique positive ou négative sur un film, écrire une carte amicale, écrire à un personnage fictif
Description physique et morale	Faire un exposé, la biographie, argumenter

Scénario 1

Célébrités françaises du spectacle

Domaines : le monde du spectacle, la mode — **Niveau :** A1, A2

Public : adultes et adolescents — **Durée :** 2 h 30

Objectifs :

LANGAGIERS :
– Lexique de la description physique, des vêtements, le questionnement et la réponse

SOCIOCULTURELS :
– Les célébrités françaises du monde du cinéma et de la chanson

TRANSVERSAUX :
– Se faire comprendre des autres étudiants, suivre des consignes

Aptitudes :
– Compréhension orale des consignes des autres étudiants
– Compréhension écrite de biographies de célébrités
– Production orale de consignes

Supports :
– Site avec fiches descriptives de célébrités : http://www.stars-celebrites.com/
– Site permettant de réaliser des caricatures : http://www.magixl.com
– Site anglo-saxon permettant d'habiller les célébrités : http://www.paperdollheaven.com/
– Logiciel d'intelligence artificielle : http://y.20q.net

Description succincte :
Trouver des informations sur une célébrité française, la faire deviner aux autres étudiants. Habiller sa célébrité et transmettre les informations aux autres.

Production prévue :
– Poser des questions et répondre aux questions
– Faire une caricature
– Habiller un mannequin en suivant les consignes

Critères de réussite :
Les élèves transmettent-ils les informations et se font-ils comprendre des autres ?

Aides lexicales en ligne :
Réviser ou acquérir le lexique du corps humain, des vêtements et de la mode
Le corps, le visage et les vêtements : http://lexiquefle.free.fr et http://www.imagiers.net/
Les vêtements : http://www.bonjourdefrance.com
Le corps et les vêtements : http://www.languageguide.org/
Mode actuelle : http://babelnet.sbg.ac.at/canalreve/mode/index.htm

Prolongement :
Récupérer les caricatures de l'étape 4 en les imprimant et les faire commenter en classe.

Variante :
Étape 1 : après avoir choisi une célébrité, il est possible de rechercher sur un moteur de recherche les informations la concernant.

Scénario de communication

Dispositif

Étape 1 : individuellement ou en binôme en salle informatique avec ou sans l'enseignant (selon le niveau des étudiants).

Étape 2 : en présentiel en classe ou bien à distance. En cas de travail à distance, on utilisera un logiciel de messagerie instantanée et on formera des groupes de 4-5 étudiants dans lesquels chacun sera à son tour meneur de jeu pour faire deviner sa star.

Étape 3 : en présentiel en classe ou par forum.

Étape 4 : devant l'ordinateur, l'enseignant n'étant pas absolument nécessaire à ce stade ; les binômes font la caricature de leur vedette en testant les options proposées.

Étape 5 : en présentiel en salle informatique ou à distance. Après avoir choisi une vedette, les binômes l'habillent en choisissant l'une des tenues proposées dans le scénario, ils la décrivent ensuite à l'oral aux autres binômes qui doivent habiller la même personne de la même façon. Le binôme initiateur vérifie sur chaque poste si la vedette est bien habillée selon ses directives. C'est ensuite au tour d'un autre binôme. En cas de travail à distance, la description est enregistrée puis mise à disposition sur un audioblog.

Étape 6 : devant l'ordinateur, seul ou en binôme, les étudiants jouent contre l'ordinateur.

Configuration matérielle

Utilisation d'une messagerie instantanée et d'un audioblog dans le cas d'un travail à distance. Micro et logiciel Audacity pour enregistrer les fichiers son au format MP3 (http://audacity.sourceforge.net).

Feuille de route

Célébrités françaises du spectacle

Vous allez faire connaissance avec une célébrité française.

1. Fiche d'identité d'une star

Sur le site http://www.stars-celebrites.com/choisissez une lettre de l'alphabet.

- Choisissez une célébrité française dont le nom commence par cette lettre.
- Lisez les informations et remplissez le tableau suivant.

IDENTITÉ
Nom
Pseudonyme
Profession
Lieu de naissance
Date de naissance
Âge
Ses parents
ENFANCE
Lieu où il/elle a passé son enfance
Passe-temps favoris
ADOLESCENCE
Événements majeurs
ÂGE ADULTE
Événements majeurs de sa vie professionnelle
Événements majeurs de sa vie privée

2. Qui est qui ?

Les autres étudiants doivent vous poser des questions pour deviner le nom de votre célébrité.
Posez-leur des questions à votre tour.

3. Les cinq stars françaises

Faites la liste de toutes les vedettes françaises sélectionnées par votre classe.
Quels sont les cinq Français les plus cités ?

4. Caricature

Sur le site http://www.magixl.com, cliquez sur *Générateur*, puis dites si vous voulez faire la caricature d'un homme ou d'une femme. Essayez de faire la caricature de votre célébrité.

5. Habillez votre idole

• Sur le site http://www.paperdollheaven.com/choisissez une vedette et habillez-la. N'oubliez pas les accessoires : chaussures, ceinture, chapeau, écharpe, bijoux, sac, panier...
Choisissez lui une de ces tenues :

– une tenue décontractée pour faire le marché le dimanche matin,
– une tenue habillée pour un cocktail,
– une tenue d'hiver,
– une tenue d'été,
– une tenue pour son prochain concert ou film.

• Une fois habillée, décrivez-la aux autres étudiants. Chacun doit habiller votre idole sur son ordinateur au fur et à mesure que vous la décrivez.
Dans le cas d'un travail à distance, enregistrez un fichier son de 1 à 2 minutes et envoyez-le sur le blog. Chacun devra habiller votre idole, puis envoyer sur le blog une copie d'écran du résultat, que vous vérifierez.

6. Un mot à deviner

• Pensez à un mot nouveau ayant un rapport avec les vêtements.
Sur le site http://y.20q.net répondez aux questions que vous pose l'ordinateur, le logiciel essaiera de trouver le mot auquel vous avez pensé.

Scénario 2

À la recherche d'un logement universitaire

Domaine : immobilier	**Niveau :** A2, B1,
Public : adultes, étudiants	**Durée :** 3 h

Objectifs :

LANGAGIERS :

– La localisation, la description, le lexique de l'habitation, les abréviations concernant le logement.

SOCIOCULTURELS :

– Trouver un logement étudiant, les formalités administratives liées à la location.

TRANSVERSAUX :

– Connaître les documents administratifs, écrire un courriel amical, se repérer sur le plan de la ville.

Aptitudes :

– Compréhension écrite : documents courants et administratifs, fiches descriptives avec abréviations.

– Production écrite : écrire une description, écrire à la manière de.

Supports :

– Site de recherche de logement universitaire : http://www.adele.org

– Site de recherche d'itinéraire : http://www.mappy.fr/

Description succincte :

Simulation d'une recherche de chambre ou logement universitaire. Les étapes 1, 2, 3, 4 sont des recherches d'informations avec des choix à faire. L'aboutissement est la rédaction d'un courriel pour la description de l'appartement et sa localisation à l'étape 5.

Production prévue :

Remplissage de la fiche visite

Description de l'appartement

« Emménager » à la manière de Perec

Critères de réussite :

Les apprenants ont-ils réussi dans leur recherche de logement ?

La production écrite est-elle compréhensible et d'un niveau A2 ?

Aides linguistiques en ligne :

Le vocabulaire du logement

– Le Point du FLE : http://www.lepointdufle.net/vocabulaire.htm vocabulaire : à la maison

– Bonjour de France : http://www.bonjourdefrance.com/« vocabulaire »/« les pièces de la maison »

– Flenet : http://flenet.rediris.es/cours/ctdm.html unité 4 : la maison

– Language guide : http://www.languageguide.org/ : la maison

– Le site Lexique de l'université de Middlebury : http://cr.middlebury.edu/public/french/Lexique/ : habitat et cadre de vie

– Le site de l'université Suny Cortland http://www.cortland.edu/flteach/civ/

– Tourdumonde : http://flenet.rediris.es/cours/ctdm.html

La comparaison et la localisation : Le Point du FLE : http://www.lepointdufle.net/grammaire

Prolongements :
Fiche : À la recherche d'un colocataire et d'un appartement
Perec : Emménager : http://textesenlignes.free.fr/depart/perecdem.htm (correction de l'étape 6)
Extraits de *La Vie mode d'emploi* de Georges Perec.

Scénario de communication

Dispositif

Les six étapes peuvent se faire seul ou en binôme, sur ordinateur, en présence ou non d'un enseignant (selon le niveau). Les productions des étapes 1 à 4 ne sont pas obligatoirement corrigées, dans la mesure où elles aboutissent à la rédaction d'une fiche avec la description de l'appartement à l'étape 5. Cette description sera postée sur un forum de type Google ou Yahoo Groups et chaque étudiant (ou binôme) devra réagir à la description d'un autre. Les productions des étapes 5 et 6 seront également placées sur le forum, ce qui permet, à la fin du scénario, une mise en commun des travaux réalisés.

Configuration matérielle

Plug-in pour la visite virtuelle.
Création d'un groupe Yahoo ou Google.
Création d'un espace *wiki* pour l'étape 6.
Pouvoir télécharger un document au format Pdf.

Feuille de route

À la recherche d'un logement universitaire

Vous êtes ou allez être étudiant dans une ville universitaire française. Vous cherchez un logement. Voici les étapes à suivre.

1. Ce que l'on doit savoir pour louer un appartement

• De quels documents avez-vous besoin pour louer un appartement ?
Vérifiez sur le site http://www.adele.org dans le menu : *Les étapes clés/La première visite/*

– ....

– ....

• Familiarisez-vous avec les abréviations des petites annonces dans le menu : *Les étapes clés/La première visite/La sélection de votre appartement.*

• Que veulent dire les abréviations suivantes :

Cuis. equ.	
Com. prox.	
Tt. cft.	
R. D. C.	
Expo. s/s. o	

2. Savoir ce que l'on veut

• Faites la liste de ce que vous aimeriez de préférence trouver en ce qui concerne :
  – l'appartement lui-même (exposition, vue, chauffage, isolation, état des peintures, meublé...) ;
  – le quartier (centre ville, périphérie, rue commerçante, transports en commun, parc, parking, gare...) ;
  – la situation dans l'immeuble (rez-de-chaussée, dernier étage...) ;
  – l'immeuble (ancien, récent, concierge, ascenseur...).

• Prenez des notes, vous en aurez besoin pour l'étape 5.

3. Chercher un appartement

• Sur le site : http://www.adele.org, sélectionnez la ville où vous voulez habiter et choisissez *visite virtuelle*. Visitez plusieurs appartements.
• Quel appartement préférez-vous ? Téléchargez une fiche-visite sur le site http://www.adele.org dans le menu : *Infos pratiques/Fiches pratiques/Fiche visite* et remplissez-la.

4. L'itinéraire

• Cliquez sur *Plan d'accès et itinéraire*. Où se trouve l'appartement par rapport au centre ville, par rapport à la gare, par rapport à l'université ou à votre école ?

• Sur le site http://www.mappy.fr/tapez l'adresse de votre appartement en point de départ et l'adresse de votre école ou université en arrivée. Regardez l'itinéraire conseillé et suivez-le sur le plan.

• Combien de temps allez-vous mettre à pied, en voiture ?

5. Description de l'appartement

Postez sur le forum créé par votre enseignant la description de votre nouvel appartement (la visite virtuelle vous aidera). Vous indiquerez aussi où il se trouve. Vous réagirez ensuite à la description d'un autre étudiant.

6. À la manière de Perec

• Georges Perec est connu pour ses listes, voilà ce qu'il a écrit sur le déménagement.

Quitter un appartement. Vider les lieux. Décamper. Faire place nette.
Débarrasser le plancher.
Inventorier ranger classer trier
Éliminer jeter fourguer
Casser
Brûler
Descendre desceller déclouer décoller dévisser décrocher
Débrancher détacher couper tirer démonter plier couper
Rouler
Empaqueter emballer sangler nouer empiler rassembler entasser ficeler envelopper protéger recouvrir entourer serrer.
Enlever porter soulever
Balayer
Fermer
Partir

Georges Perec, « L'appartement »
in *Espèces d'espaces*, éd. Galilée, 1974

• Sur ce modèle, écrivez un texte commun sur le *wiki* créé par votre enseignant sur le thème : Emménager

Scénario 3

La lecture

Domaine : littérature	**Niveau :** A2, B1
Public : adolescents et adultes	**Durée :** 2 heures

Objectifs :

LANGAGIERS :

– La cause, l'argumentation, vocabulaire du sondage

SOCIOCULTURELS :

– Les habitudes des Français sur la lecture

TRANSVERSAUX :

– Les citations, créer un sondage

Aptitudes :

– Compréhension écrite : lire des extraits d'œuvre littéraire.
– Compréhension orale de deux documentaires vidéo de TF1 sur la lecture.
– Production orale : donner son avis sur la lecture
– Production écrite : se justifier

Supports :

– Un blog consacré à la lecture : http://solamenn.tooblog.fr/
– Un site personnel sur la lecture : http://perso.wanadoo.fr/mondalire/
– Les vidéos de TF1 : http://www.tf1.fr
– Evene, un site culturel avec des citations : http://www.evene.fr/
– Pour ou contre, un site de création de sondages ; http://www.pouroucontre.com/
– Bibliothaeca idealis : http://www.biblio-idealis.com/

Description succincte :

À partir d'un extrait du livre Comme un roman de Daniel Pennac (1992), les étudiants vont s'interroger sur le rôle de la lecture et vont créer un sondage pour voir quelles sont les habitudes des Français en ce qui concerne la lecture.

Production prévue :

Écrire ses commentaires et son interprétation du message de Pennac.
Élaborer un sondage et le mettre en ligne.

Critères de réussite :

L'interprétation du message de Pennac est-elle claire et la rédaction correcte ?
Le sondage est-il bien construit ? A-t-on envie d'y répondre ?

Aides linguistiques en ligne :

La cause et l'interrogation : Le Point du FLE : http://www.lepointdufle.net : grammaire

Prolongements :

Étudier le texte « Ils lisent beaucoup, ils lisent de tout » présenté avec des questions fermées et ouvertes et des pistes de discussion sur le site Internet Actuel :
http://www.vanin.be/nl/html/sec/uitgaven/frans/internetactuel/ ou sur un moteur de recherche tapez : « Ils lisent beaucoup, ils lisent de tout internetactuel »
Pour en savoir plus sur Daniel Pennac, cherchez sa biographie dans un moteur de recherche.

Consulter les informations sur de nombreux auteurs et leurs œuvres sur le site : http://www.biblio-idealis.com/
Lire l'hyperfiction Apparitions inquiétantes d'Anne-Cécile Brandebourger sur le site : http://www.anacoluthe.com/bulles/apparitions/jump.html. Que pensez-vous de ce type de lecture ?
Répondre au sondage : Quel lecteur êtes-vous ? du site : http://www.biblio-idealis.com/ : dans Lieux de paroles.

Scénario de communication

Dispositif

L'ensemble du scénario peut se faire en salle informatique avec les étudiants : on ménagera alors des moments de mise en commun orale (les étudiants s'exprimant à partir de notes écrites qu'ils auront prises). On peut également faire faire ce scénario à distance : un blog collectif ou un forum permettront alors la confrontation des interprétations, opinions et goûts (étapes 1 à 4). L'enseignant peut animer cette confrontation en incitant les étudiants à réagir les uns aux autres.
Pour l'étape 5, l'enseignant devra corriger les sondages avant leur mise en ligne.

Configuration matérielle

Un blog pour la classe ou un forum.

Feuille de route

La lecture

1. *Comme un roman*

Les droits du lecteur

Lisez *Les 10 droits imprescriptibles du lecteur* selon Daniel Pennac

1. Le droit de ne pas lire.
2. Le droit de sauter des pages.
3. Le droit de ne pas finir un livre.
4. Le droit de relire.
5. Le droit de lire n'importe quoi.
6. Le droit au bovarysme (maladie textuellement transmissible).
7. Le droit de lire n'importe où.
8. Le droit de grappiller.
9. Le droit de lire à haute voix.
10. Le droit de nous taire.

Daniel Pennac, « Les droits imprescriptibles du lecteur »
in *Comme un roman*, Gallimard.

Pour mieux comprendre ces droits, allez sur le site ttp://solamenn.tooblog.fr/ ; tapez « droits imprescriptibles » dans la zone de recherche. Aidez-vous des illustrations.

• Quels sont les deux droits avec lesquels vous êtes le plus en accord et pourquoi ?
• Quel droit signifie : « être libre de s'identifier aux personnages » ?
• Quel est, selon vous, le message de Pennac ?
• Imaginez les causes dans cette citation de Daniel Pennac :

« L'homme construit des maisons parce que ....,

mais il écrit des livres parce que .... ;

Il habite en bande parce que ....,

mais il lit parce que .... »

Daniel Pennac, extrait de *Comme un roman*, Gallimard.

• Mettez vos réponses aux quatre points ci-dessus sur le forum ou le blog. Lisez ce qu'ont écrit les autres étudiants.
• Comparez votre réponse avec la citation de Pennac sur le site : http://perso.wanadoo.fr/mondalire/
• Vérifiez votre interprétation du message de Pennac en lisant un extrait de *Comme un roman* sur le site suivant : http://perso.wanadoo.fr/mondalire/roman.htm

2. L'aide à la lecture

• Sur le site de TF1 : http://www.tf1.fr, cliquez sur vidéo et recherchez « goût de la lecture ».

Regardez les deux documents vidéo intitulés :

Donner le goût de la lecture aux enfants en difficulté.

Bruxelles : lire des histoires aux élèves, c'est leur donner le goût de...

Avec quels points du roman de Daniel Pennac ces deux vidéos sont-elles en accord ?

• Mettez votre réponse sur le forum ou le blog et lisez les autres.

3. Citations sur la lecture

• Sur le site http://www.evene.fr/ trouvez d'autres citations sur la lecture.

Avec laquelle êtes-vous le plus en accord ? Avec laquelle êtes-vous le moins en accord ? Pourquoi ?

• Mettez votre réponse sur le forum ou le blog et lisez les autres.

4. Palmarès des meilleurs auteurs et œuvres

• Quels sont vos trois auteurs français préférés ?

• Quels sont vos trois livres français préférés ?
• Quel est votre auteur
  – asiatique
  – américain
  – européen
  – africain préféré ?
• Mettez votre réponse sur le forum ou le blog et lisez les autres. Y a-t-il un auteur et un livre plus apprécié que les autres dans votre classe ?
• Sur le site http://www.biblio-idealis.com/, regardez dans : *Palmarès* les écrivains et les œuvres préférés des Français. Sont-ils très différents des vôtres ?

5. Sondage sur la lecture

Élaboration du sondage

• Par groupe de deux ou trois, élaborez un sondage sur la lecture avec au moins cinq questions. Posez des questions sur la fréquence, la quantité, le choix des livres, le choix des auteurs, les lieux de lecture, etc.
• Faites corriger votre sondage par votre professeur. Il va être mis sur Internet et tout le monde va pouvoir en prendre connaissance, il serait dommage qu'il reste des fautes !

Mise en ligne du sondage

• Allez sur le site : Pour ou contre : http://www.pouroucontre.com/
• Créez-vous un compte en mettant votre adresse électronique et votre mot de passe.
• Entrez le sondage que vous avez créé.

Vous devez donner un titre représentatif du thème du sondage mais vous n'êtes pas obligé de mettre le nom d'un vrai site ni son adresse.

Consultation des sondages

Regardez les sondages des autres étudiants (nouveaux sondages) et répondez-y. Retournez voir votre sondage. Combien de personnes ont répondu ? Quel est le résultat ? N'oubliez pas le titre de votre sondage, vous le consulterez dans 8 jours pour voir les résultats.

Scénario 4

Le journal télévisé (JT)

Domaines : civilisation, actualités **Niveau :** étape 1 : A2 ; étapes suivantes : B1 et +

Public : adultes **Durée :** 3 heures

Objectifs :
LANGAGIERS :
– La comparaison, la nominalisation, les temps du passé
SOCIOCULTURELS :
– L'actualité française et mondiale
TRANSVERSAUX :
– Prendre part à un forum

Aptitudes :
– Compréhension orale de journaux télévisés
– Compréhension écrite de messages des forums
– Production orale : simulation de JT
– Production écrite : donner son avis sur un forum

Supports :
– France 2 : http://www.france2.fr/
– TF1 : http://www.tf1.fr/
– France 3 : http://www.france3.fr
– TV 5 : http://www.tv5.fr
– Courrier international : http://www.courrierint.com/

Description succincte :
Compréhension des informations des JT et comparaisons de trois JT entre eux. Reformulation des informations et de leurs titres. Simulation d'un journal télévisé.

Production prévue :
Résumé écrit d'informations et de commentaires.
Présentation de deux informations à l'oral.

Critères de réussite :
Les commentaires et résumés d'informations sont-ils d'un niveau B 1 ?
La simulation de journal télévisé est-elle compréhensible des autres étudiants ?

Aides linguistiques en ligne :
La comparaison : Le Point du FLE : http://www.lepointdufle.net : grammaire/comparaison
La nominalisation : Le Point du FLE : http://www.lepointdufle.net : grammaire/noms/nominalisation
Les temps du passé : Le Point du FLE : http://www.lepointdufle.net : indicatif

Prolongements :
Le journal en français facile : http://www.rfi.fr/fichiers/, choisir « langue francaise »
Ateliers sur la presse : http://bjay.club.fr/atelpres.htm
Franc-parler : Travailler avec la presse : http://www.francparler.org/parcours/presse.htm
Le site du CLEMI http://www.clemi.org/ dans « se former », fiche 9 et « en liaison avec les médias »

Scénario de communication

Dispositif

Les étapes 1 à 5 peuvent se faire en présentiel en salle informatique, l'enseignant pouvant alors aider les étudiants. Elles peuvent également se faire à distance, si les étudiants sont suffisamment autonomes. Dans les deux cas, les productions seront socialisées sur un blog collectif.

L'étape 6 prévoit une présentation orale, qui se fera donc en classe, si possible avec l'appui d'un vidéoprojecteur. En cas de travail à distance, la présentation peut être enregistrée et envoyée sur un audioblog.

Configuration matérielle

Windows Media Player ou Real Player.

Utilisation d'un audioblog collectif et du forum d'un média.

Éventuellement, vidéoprojecteur pour l'étape 6.

Utilisation d'un micro et d'un logiciel de son dans le cas de la distance (Audacity).

Généralisation du scénario

Ce scénario peut être utilisé, pour la plupart des étapes, avec d'autres chaînes de télévision : http://www.francetelevisions.fr/, http://www.tf1.fr et les télévisions francophones : http://www.vifax-francophone.net/liens/medias1.html et avec des radios : http://radios.syxy.com/

Feuille de route

Le journal télévisé

Vous vous intéressez certainement aux actualités, qu'elles soient politiques, sociales, culturelles ou sportives. Vous allez faire plus ample connaissance avec les JT (journaux télévisés) des chaînes de télévision françaises.

1. Les informations et la comparaison

Sur France 2 : http://www.france2.fr/, dans la colonne de gauche, cliquez sur JT en vidéo.

• Regardez, sans prendre de notes, le JT de 8 heures ce matin (environ 10 minutes).

• Regardez de nouveau le JT et répondez :

Quelle est l'information :

- la plus triste ?
- la plus gaie ?
- la plus saugrenue ?
- la plus révoltante ?
- la moins intéressante ?

Quelle est la nouvelle qui vous a le plus étonné(e) ?

- Regardez les différents journaux télévisés d'aujourd'hui sur les trois sites suivants :
  – France 2 : http://www.france2.fr/,
  – TF1 : http://www.tf1.fr/(dans la colonne de gauche cliquez sur vidéo puis sur *Le journal télévisé de TF1*),
  – France 3 : http://www.france3.fr (dans la colonne de gauche, *JT en vidéo*).
- Puis comparez :
  – les présentateurs ou présentatrices des trois chaînes : leur âge, leur élégance, leur élocution, la vitesse à laquelle ils parlent, leur coiffure, etc. ;
  – les informations sur les trois chaînes : leur intérêt, leur longueur, leur sujet, leur variété, leur sérieux etc. ;
  – le traitement de la même information d'une chaîne à l'autre.

- Résumez vos réponses à ces questions dans le blog.

Vous pouvez rédiger des phrases sur le modèle : « Sur France 2, les... sont plus/moins... que sur TF1. », « Sur France 2, il y des..., mais pas sur France 3. », « Les... de TF1 sont plus... que les... de France 3 », etc.

2. Les titres des informations et la nominalisation

- Pour chacune des catégories suivantes, faites des titres à partir des informations présentées, en utilisant des nominalisations.

Exemple : **Manifestation** dans les grandes villes de France
– Politique française.
– Politique étrangère.
– Faits de société français ou étrangers
– Autres thèmes

- Mettez vos titres sur le blog et comparez avec les titres des autres étudiants.

3. Résumé d'informations

Sur le site TV 5 : http://www.tv5.fr, regardez le journal de TV5 : l'actualité mondiale.
- Choisissez deux reportages sur lesquels vous voulez avoir plus d'informations.
- Écoutez-les et résumez-les en quelques lignes en leur donnant un titre.
- Mettez ces résumés d'informations sur le blog.

4. Votre avis dans un forum

Sur le site de France 3 http://www.france3.fr, cliquez sur *Forums/le forum des journaux de France 3*.
- Lisez les messages postés ces derniers jours et répondez à un message.
- Commentez à votre tour sur le forum une information qui vous a marqué(e).

5. Les dessins humoristiques

Sur le site de *Courrier international* http://www.courrierint.com/ cliquez sur *Les dessins* dans le menu du haut de la page.

Regardez le dessin humoristique du jour et discutez-en avec un autre étudiant (à l'oral ou bien par courriel).
En bas de la page, trouvez un dessin humoristique sur votre pays ou région et expliquez-le à l'intention de quelqu'un qui ne connaît pas la réalité de votre pays. Publiez votre explication sur le blog en indiquant bien où se trouve le dessin choisi.

6. Jeu de rôle

Vous êtes journaliste, sélectionnez deux informations et présentez-les aux autres étudiants en classe à l'oral. Vous pouvez aussi interviewer une personnalité du monde politique ou social. Vous pouvez vous servir d'images fixes récupérées sur Internet que vous projetterez avec un vidéoprojecteur.
• Dans le cas d'un travail à distance, enregistrez votre présentation d'informations sur un fichier son et envoyez-le sur le blog.

Scénario 5

Séjourner à Grenoble

Domaines : Voyage, tourisme, **Niveau :** A2, B1

Public : adolescents et adultes, français du tourisme **Durée :** 3 à 4 heures

Objectifs :
LANGAGIERS :
– Grammaire : comparaison, partitifs
– Lexique : le paysage, les activités sportives et culturelles, la cuisine, les vacances
SOCIOCULTURELS :
– Connaître une ville et une région française
TRANSVERSAUX :
– Recherche d'informations, faire un projet de voyage

Aptitudes :
– Compréhension écrite : repérage d'informations
– Production orale : discuter du meilleur choix
– Production écrite : écrire un projet de voyage

Supports :
– Le site des Offices du tourisme : http://www.tourisme.fr/
– Le site SNCF : http://www.sncf.fr/
– Les promotions sur les vols : http://www.airpromo.com/
– Maporama pour calculer son itinéraire : http://www.maporama.com/
– Isère tourisme : http://www.isere-tourisme.com
– Le Guide du routard : http://www.routard.com/
– Le petit futé : http://www.lepetitfute.com/
– La Fédération des auberges de jeunesse : http://www.fuaj.org
– Le Park hôtel http://www.park-hotel-grenoble.fr
– Le site de Chamrousse : http://chamrousse.com/
– Le musée de Grenoble : http://www.museedegrenoble.fr/
– Le musée dauphinois : http://www.musee-dauphinois.fr
– Le musée d'histoire naturelle : http://www.museum-grenoble.fr/
– Le musée de la Résistance et de la déportation : http://www.resistance-en-isere.com/
– Le petit bulletin : http://www.petit-bulletin.fr/
– Le café de la table ronde : http://www.cafetableronde.com/

Description succincte :
Organisation d'un séjour dans la région de Grenoble.

Production prévue :
Faire un budget prévisionnel et un agenda.
Écrire une lettre en précisant le projet de voyage et en essayant de convaincre.

Critères de réussite :
Le budget est-il équilibré ? A-t-il été respecté ?
L'agenda est-il réaliste ?
Le compte rendu de préparation du voyage est-il complet et dans un français niveau A2 ?

Aides linguistiques en ligne :
– La cause : Le Point du FLE, http://www.lepointdufle.net : grammaire/relations logiques
– L'interrogation : Le Point du FLE, http://www.lepointdufle.net : grammaire/interrogation
– La comparaison : Le Point du FLE, http://www.lepointdufle.net : grammaire/comparaison
– La gare : http://lexiquefle.free.fr/
– La cuisine et vacances, voyage : http://cr.middlebury.edu/public/french/Lexique//
– Les vacances : http://www.cortland.edu/flteach/civ/

Prolongements :
Écouter les informations régionales sur http://jt.france3.fr/
Simulation professionnelle : un employé d'agence de voyage organise un séjour dans une ville française pour des clients exigeants, en communiquant avec eux par téléphone ou par courriel.

Scénario de communication

Dispositif

Cette simulation nécessite de répartir les étudiants par groupes de trois. Deux dispositifs sont possibles : en présentiel en salle informatique ou à distance. Dans ce dernier cas, les étudiants communiqueront entre eux de façon synchrone par chat pour toutes les prises de décision (marquées du symbole ?) ; la production finale (étape 8) peut alors se faire par *wiki*.
Les réponses à l'étape 1 et aux points a) et b) de l'étape 6 peuvent être remises à l'enseignant sur papier ou envoyées par courriel.

Configuration matérielle

En cas de travail à distance, logiciel de messagerie instantanée, éventuellement *wiki*.

◗ Corrigé étape 2

	Chartreuse	Belledonne	Oisans	Sud Isère	Vercors	Sud Grésivaudan
Le gratin dauphinois					x	x
Les noix						x
Des escargots		x				
La liqueur de Chartreuse	x					
Les crozets		x				
Les ravioles					x	
Le Saint-Marcellin						x
La tomme		x				
Les truites			x		x	
Le jambon			x	x		

Généralisation du scénario

Voyage en France

Le modèle de scénario *Séjour à Grenoble* peut être adapté à toutes les villes ou régions françaises ou francophones. La plupart des sites utilisés dans le scénario sur Grenoble ainsi que les moteurs de recherche seront utiles pour la construction d'un scénario sur une autre ville/région.

Feuille de route

Séjourner à Grenoble

Lors d'un séjour en France, vous décidez d'aller faire un voyage à Grenoble avec trois autres ami(e) s et d'y séjourner trois jours. Afin de ne pas perdre de temps sur place, vous décidez de tout organiser à l'avance mais un(e) de vos ami(e) ne pourra pas assister à la préparation. Vous allez prendre toutes les informations utiles sur Internet et décider d'un programme précis. Utilisez des tableaux comme ceux ci-après pour établir votre budget prévisionnel et votre emploi du temps (vous pouvez également utiliser pour cela des logiciels spécifiques, tableur et agenda).
Vous ne disposez pas de plus de 500 euros par personne pour la totalité du séjour.

BUDGET

	1re possibilité	2e possibilité	3e possibilité	Coût de la solution retenue
Voyage				
Logement				
Activités sportives				
Activités culturelles				
Nourriture				
Visites				
Frais divers				
BUDGET TOTAL				

AGENDA

	Jour 0	1er jour	2e jour	3e jour
matin				
midi				
après-midi				
soir				

1. Situer Grenoble

Sur le site http://www.tourisme.fr/carte/regardez la carte de France et cliquez sur la région de Grenoble.

• Comment s'appelle cette région ?

• Cette région est composée de six départements. Comment s'appelle le département où se trouve Grenoble ?

• À quelle distance est Grenoble de Paris et de Genève ?

• Approchez-vous de Grenoble et dites :

– combien d'habitants il y a à Grenoble : ...

– quelle est son altitude : ...

2. Préparer le voyage

• Comment allez-vous vous rendre à Grenoble ? Allez-vous choisir le moyen le moins/plus cher, le moins/plus rapide ?

– Par le train ? Choisissez vos horaires sur le site http://www.sncf.fr/

– En avion ? Regardez les possibilités sur http://www.airpromo.com/ et prévoyez le transport de l'aéroport à Grenoble.

– En voiture : dans ce cas, regardez l'itinéraire sur le site http://www.mapo-rama.com/

• Discutez avec vos deux amis (en face à face ou par *chat*) du moyen de transport et décidez les horaires précis de départ et de retour. Notez horaires et coûts dans le budget et dans l'agenda.

3. Se loger

Cherchez un hébergement sur le site http://www.tourisme.fr/ ou http://www.isere-tourisme.com ou encore le site du *Guide du routard* http://www.routard.com/
• Choisirez-vous :
– la solution la plus luxueuse : Le Park hôtel http://www.park-hotel-grenoble.fr ?
– la solution la moins chère : l'auberge de jeunesse : http://www.fuaj.org ou le camping ?
– un hôtel à la montagne ou en ville ?
– un logement avec une chambre collective ou une chambre simple ?
• Discutez avec vos deux amis (en face à face ou par *chat*) pour vous mettre d'accord.
Notez comment vous rendre à votre hébergement à partir de la gare SNCF ou bien en voiture. Notez les coûts dans le budget.

4. Faire du sport

Amoureux de la montagne, vous décidez de profiter de votre séjour à Grenoble pour aller à Chamrousse, une station de ski l'hiver et de randonnée l'été. Renseignez-vous : http://chamrousse.com/
• À quelle altitude et dans quelle chaîne de montagne se trouve Chamrousse ?
• À combien de kilomètres de Grenoble ?
• Comment vous y rendre ?

Vous y allez en été.
• Ferez-vous du parapente, de la via ferrata ou de l'escalade ?
Trouvez trois autres activités qu'on peut faire en été à Chamrousse.
Peut-on faire de l'accrobranche à Chamrousse ?

Vous y allez en hiver.
• Ferez-vous du ski de piste, du ski de fond, de la randonnée ou de la plongée sous glace ? Quelles sont les autres activités proposées ?
• Regardez le temps qu'il fait aujourd'hui à Chamrousse, regardez aussi une vue par la Webcam.
Si vous voulez voir d'autres activités sportives qu'il est possible de pratiquer dans la région, allez sur le site http://www.isere-tourisme.com et cliquez sur *Découvrez l'Isère en images, voir la vidéo* (en bas de la page à droite). Pour plus d'informations cliquez sur l'onglet : *Sport et loisirs*
• Discutez avec vos deux amis (en face à face ou par *chat*) et mettez-vous d'accord sur trois activités communes. Tenez compte de la difficulté, de la durée, du prix, etc. Notez vos choix sur l'agenda et le budget.

5. La vie culturelle et les musées

• Vous vous réservez une journée culturelle, choisissez deux musées parmi les suivants :
Le musée de Grenoble : http://www.museedegrenoble.fr/
Le musée dauphinois : http://www.musee-dauphinois.fr
Le musée d'histoire naturelle : http://www.museum-grenoble.fr/
Le musée de la Résistance et de la déportation : http://www.resistance-en-isere.com/
• Discutez avec vos deux amis (en face à face ou par *chat*) et mettez-vous d'accord sur deux visites communes. Notez les horaires, les tarifs et les expositions en cours.

6. La gastronomie

• Sur le site http://www.isere-tourisme.com/ cliquez sur l'onglet *Visite à la carte* puis sur *Produits du terroir*.
Où trouve-t-on les spécialités suivantes ? Mettez une croix :

	Chartreuse	Belledonne	Oisans	Sud Isère	Vercors	Sud Grésivaudan
Le gratin dauphinois						
Les noix						
Les escargots						
La liqueur de Chartreuse						
Les crozets						
Les ravioles						
Le Saint-Marcellin						
La tomme						
Les truites						
Le jambon						

• Cliquez sur *Recettes du Dauphiné* :
quels sont les ingrédients du gratin dauphinois ?
• Qu'allez-vous manger à Grenoble ?
• Quelle spécialité dauphinoise auriez-vous envie d'essayer ? Discutez-en avec vos deux amis. Cherchez un restaurant qui propose les spécialités retenues.

7. Sortir le soir à Grenoble

• Consultez le site du petit bulletin : http://www.petit-bulletin.fr/

Naviguez dans le menu à gauche pour trouver :
– un spectacle musical
– un film français
– un spectacle de danse
– une pièce de théâtre
• Choisissez avec vos deux amis deux spectacles, pour deux soirées différentes. Notez les heures et les prix.
Après le spectacle, vous pourrez aller boire un verre dans le plus ancien café de Grenoble que Stendhal fréquentait : *Le café de la table ronde* : http://www.cafe-tableronde.com/

8. Faites part de vos choix

Le/la quatrième ami(e) avec qui vous devez partir n'a pas pu participer à la préparation du voyage, par manque de temps.
• Informez-le/la par un courriel du programme que vous avez prévu, en essayant de justifier vos choix de la manière la plus convaincante possible. Indiquez-lui le budget prévu.
Si vous travaillez à distance, vous pouvez utiliser un *wiki* pour écrire votre texte collectivement. Aidez-vous de votre agenda et de votre budget.

Scénario 6

Forum du *Guide du routard*

Domaine : voyages, tourisme **Niveau :** A2 à B2

Public : adolescents, adultes **Durée :** 4 fois 1 heure

Objectifs :

LANGAGIERS :

– Donner et demander des conseils, poser des questions et y répondre, le lexique du voyage

SOCIOCULTURELS :

– Les voyages à l'étranger et en France

TRANSVERSAUX :

– Prendre part à un forum

Aptitudes :

– Compréhension écrite de messages authentiques postés sur un forum

– Production écrite en réponse aux messages du forum et demande de renseignements, rédaction d'une carte postale.

Supports :

– Le site du *Guide du routard* : http://www.routard.com/

– Voyage virtuel : http://www.voyagevirtuel.info/

Description succincte :

Cette séquence s'adresse de préférence à des étudiants de différentes nationalités. Sur le forum du Guide du routard, les étudiants répondent aux questions posées sur leur pays et posent ensuite des questions sur un endroit de France qu'ils souhaitent visiter ou sur un autre pays. Ils s'engagent donc dans une communication réelle.

Production prévue :

Plusieurs contributions aux forums

Carte postale de récit de vacances

Critères de réussite :

Les élèves ont-ils compris les messages sur le forum ?

La production écrite a-t-elle été comprise par l'internaute français qui demandait des informations ?

La participation au forum a-t-elle été appréciée ?

Aides linguistiques en ligne :

– *Vacances et voyage* sur le site http://cr.middlebury.edu/public/french/Lexique/

– Le conditionnel : http://www.lepointdufle.net/, autres modes/conditionnel

Prolongement :

Scénario *Séjour à Grenoble*

Origine : d'après un scénario initialement réalisé par Marie-Hélène Exel (enseignante au CUEF de Grenoble).

Scénario de communication

Dispositif

Quatre séances d'environ une heure espacées d'une semaine. L'étape 2, séance 2, peut être plus longue si elle est développée complètement. Tout ce scénario peut se faire avec ou sans l'aide de l'enseignant, selon le niveau des étudiants ; l'enseignant peut notamment demander aux étudiants de lui montrer (ou envoyer par courriel) leurs projets de contributions aux forums avant publication, pour en corriger les erreurs.

Configuration matérielle

On utilise des outils de communication déjà disponibles sur Internet (forums, cartes postales).

Feuille de route

Forum du *Guide du routard*

Sur le site du *Guide du routard* : http://www.routard.com/, dans le menu/ *Communauté/Forums*

1. Votre pays

Séance 1

• Sélectionnez votre pays d'origine. Lisez les messages récents envoyés par les internautes et essayez de répondre à 2 ou 3 questions qui vous concernent ou dont vous connaissez bien le thème.
Vous pouvez avoir besoin de vérifier sur des sites officiels de votre pays, des Offices du tourisme ou des sites gouvernementaux ou de santé publique. Faites les recherches voulues pour donner des réponses détaillées et fiables.
• Tapez votre réponse sur traitement de texte et vérifiez l'orthographe avec le correcteur. Envoyez vos réponses en indiquant correctement votre adresse électronique.
• Allez vérifier sur votre messagerie, vous devez avoir reçu un accusé de réception de votre message et vous devez le valider.

Séance 2

• Regardez dans le forum de votre pays et sur votre courrier électronique : vous avez certainement reçu des remerciements des internautes à qui vous avez répondu. S'ils posent d'autres questions, répondez-leur.
• Vous voulez inciter les Français à visiter votre région ou votre ville. Sélectionnez votre pays et envoyez un message pour donner envie aux voyageurs d'y aller. Vous taperez d'abord votre message sur un traitement de texte et vous le passe-

rez au correcteur orthographique puis vous l'enverrez. Vérifiez le forum dans les jours qui viennent, vous aurez certainement des réactions à votre message.

2. Votre voyage

Séance 1

Vous avez l'intention de faire un voyage en France ou à l'étranger prochainement, choisissez la région de France ou le pays voulu et posez des questions pour obtenir des informations sur : la meilleure période, les endroits à ne pas rater, les spécialités culinaires, les activités à pratiquer, etc. Vous reviendrez voir s'il y a des réponses dans quelques jours.

Séance 2

Organisez votre voyage en tenant compte des conseils qui vous ont été donnés et en vous aidant des informations du *Guide du routard* sur la région ou le pays choisis : itinéraire, étapes, lieux visités.

3. Carte postale

Sur le site http://www.voyagevirtuel.info/, choisissez une carte postale virtuelle de France, de votre pays ou d'un pays que vous venez de visiter et envoyez-la à votre professeur en lui racontant votre voyage.

Scénario 7

Protéger l'environnement

Domaines : environnement, écologie — **Niveau :** A2-B1 et B2 +

Public : adolescents, adultes — **Durée :** 2 heures

Objectifs :
LANGAGIERS :
– La comparaison, vocabulaire de l'écologie, le futur, les articulateurs
SOCIOCULTURELS :
– L'environnement
TRANSVERSAUX :
– Donner des conseils, la synthèse

Aptitudes :
Expression écrite et orale avec des commentaires en ligne et un exposé oral

Supports :
– Le test de l'empreinte écologique : http://www.agir21.org/(niveau A2, B1)
http://www.wwf.fr/empreinte_ecologique/(niveaux B2 et supérieurs)
– Ma ville me regarde : http://www.fnh.org/ma_ville/livret/index. htm,
– Le site du photographe Yann Arthus-Bertrand : http://www.yannarthusbertrand.com/

Description succincte :
Après avoir testé leur empreinte écologique sur la planète, les étudiants s'informent des mesures à prendre pour préserver l'environnement

Production prévue :
Résolutions pour la protection de l'environnement
Exposé sur un enjeu écologique à l'aide d'un logiciel de présentation

Critères de réussite :
La présentation d'un thème écologique est-elle documentée, bien construite et compréhensible par la classe ?

Aides linguistiques en ligne :
– La comparaison : Le Point du FLE : http://www.lepointdufle.net/: grammaire/comparaison
– Le futur : Le Point du FLE : http://www.lepointdufle.net : indicatif/futur
– Les articulateurs : Français des affaires/Points de langue/les articulateurs :
http://www.francais-affaires.com
– L'exposé : sur le site http://www.edufle.net/ tapez « réussir un exposé » dans la partie « recherche »

Prolongements :
Un texte journalistique adapté au niveau B1

« La fin de la planète bleue, c'est pour bientôt ? » sur le site Internet Actuel :
http://www.vanin.be/nl/html/sec/uitgaven/frans/internetactuel/ ou tapez « la fin de la planète bleue, c'est pour bientôt » sur un moteur de recherche. Ce texte est accompagné de questions fermées et ouvertes et de pistes de discussion.
Une chanson écolo : écoutez la chanson « Respire » de Mickey 3D.
Un autre scénario sur l'environnement réalisé par des étudiants de maîtrise FLE :
http://www.u-grenoble3.fr/fle-1-ligne/maitrise/ogm/ogm1.html

Scénario de communication

Dispositif

Sur ce thème important de la protection de l'environnement, on peut faire créer un blog par étudiant, blog qu'il sera possible de continuer à alimenter après la fin du scénario. Tous les blogs seront reliés entre eux par des liens.

Le scénario peut se réaliser entièrement à distance ou bien en salle informatique en présence de l'enseignant.

Les niveaux A2- B1 feront les étapes 1 a et 2, les niveaux B2 et au-delà, les étapes 1 b et 3.

Configuration matérielle

Logiciel de présentation (PowerPoint, par exemple).

Un blog par étudiant.

Macromedia Flash 5 pour le site de Yann Arthus-Bertrand.

Variante

L'étape 2 : « Ma ville, ça me regarde » est plutôt destinée à des adolescents.

◗ Corrigé de l'exercice 2

Combien de kilos de déchets jette-t-on par jour ? **12 kg**

Un bain consomme combien de fois plus d'eau qu'une douche ? **3**

Combien de passagers transporte un bus par rapport à une voiture ? **16 voitures**

Quel est le pourcentage de voitures qui font moins de 1 km par jour ? **20 %**

Combien de décibels fait le bruit d'un klaxon ? **90**

Feuille de route

Protéger l'environnement

1. L'empreinte écologique

C'est une estimation de la superficie dont la terre a besoin pour subvenir à vos besoins, sans épuiser ses ressources. Votre empreinte écologique vous permet de mesurer votre influence directe sur la nature. Calculez votre empreinte écologique.

Du niveau A2 à B1, sur le site http://www.agir21.org/, cliquez sur *Empreinte écologique* et faites le test.

• Sur le blog, annoncez votre résultat. Comparez-le avec celui des autres étudiants et dites quelles sont vos cinq résolutions pour diminuer votre consommation d'énergie. Commentez telle ou telle résolution d'un autre étudiant.

Du niveau B2 et au-delà : allez sur le site http://www.wwf.fr/empreinte_ecologique/et faites le test.

• À la fin du test, cliquez sur *Agissez* et inspirez-vous des propositions pour établir six résolutions pour diminuer la consommation d'énergie. Postez-les sur le blog. Commentez telle ou telle résolution d'un autre étudiant.

2. Ma ville, ça me regarde (du niveau A2 à B1)

Sur le site « Ma ville » : http://www.fnh.org/ma_ville/livret/

• Consultez les pages sur : les déchets/l'eau/les transports/le bruit/la nature en ville et répondez aux questions suivantes :

– Combien de kilos de déchets jette-t-on par jour ? ....

– Combien de fois plus d'eau qu'une douche un bain consomme t-il ? ....

– Combien de passagers transporte un bus par rapport à une voiture ? ....

– Quel est le pourcentage de voitures qui font moins de 1 km par jour ? ....

– Combien de décibels fait le bruit d'un klaxon ? ....

Communiquez les réponses à votre enseignant, sur papier ou par courriel.

• Dans la rubrique *Quiz*, faites les cinq quiz pour voir si vous avez bien compris.

• Dans la rubrique : *Passe à l'action*, pour chaque endroit, choisissez le conseil qui vous paraît le plus important.

– Dans mes loisirs : ....

– À l'école : ....

– Chez moi : ....

– Dans la rue : ....

• Quelles sont à votre avis les cinq mesures à prendre dans votre établissement ou dans votre centre de langue pour économiser l'énergie et protéger l'environnement ?

Discutez-en sur le blog ou en classe.

3. Les enjeux écologiques illustrés par Yann Arthus-Bertrand (Niveau B2 et au-delà)

Sur le site : http://www.yannarthusbertrand.com/ cliquez sur *1* puis *Bienvenue* et enfin *Enjeux écologiques* et choisissez un thème parmi ceux présentés :

– la pêche durable
– le tourisme durable
– les OGM
– le transport durable

– les énergies renouvelables
– le bio
– le développement durable
– l'effet de serre.

• En vous aidant des informations disponibles sur le site, préparez un exposé que vous présenterez à la classe à l'aide d'un logiciel de présentation (PowerPoint ou autre). Cherchez sur ce même site des photos d'Arthus Bertrand pour accompagner votre exposé.

Scénario 8

Repas de Noël

Domaines : civilisation, gastronomie — **Niveau :** B1

Public : adolescents et adultes — **Durée :** 3 heures

Objectifs

LANGAGIERS :

– Le lexique de l'alimentation, les quantités, la comparaison, l'impératif

SOCIOCULTURELS :

– Les traditions de Noël, le « savoir recevoir »

TRANSVERSAUX :

– Rechercher des informations, rédiger une lettre d'invitation, une carte de vœux.
– Comprendre et rédiger une recette.

Aptitudes :

– Compréhension écrite : les coutumes de Noël, les recettes de cuisine
– Production écrite : résumer, donner son avis, cartes virtuelles, recette, lettre

Supports :

– Les traditions de Noël : http://www.alianwebserver.com/et http://www.contesdenoel.com
– La lettre au Père Noël et la carte de vœux : http://www.noeleternel.com
– L'art de bien mettre la table : http://www.linternaute.com/femmes/cuisine
– Un site pour apprendre à recevoir : http://www.toutapprendre.com
– Le site http://www.linternaute.com dans les rubriques : *Recettes de cuisine* et *Témoignages*
– Des sites pour la cuisine : http://www.arts-culinaires.com ; http://www.saveursdumonde.net ; http://www.meilleurduchef.com/
– Un cybermarché : http://www.auchandirect.fr/
– Paroles de chansons : http://www.paroles.net/

Description succincte :

Mise en situation : les étudiants invitent des amis en France pour fêter Noël. Ils doivent s'informer sur les traditions et les recettes et concevoir le repas.

Production prévue :

– Résumé sur les traditions de Noël en France.
– Comparaison des coutumes et règles de savoir-vivre en France et dans le pays d'origine.
– Une invitation à dîner sur une carte virtuelle, une carte de vœux.
– Une recette.
– Une lettre au Père Noël.

Critères de réussite :

– Les productions sur le forum ou le blog sont-elles d'un niveau B1 minimum et apportent-elles des informations intéressantes aux autres étudiants ?
– L'étudiant s'est-il vraiment impliqué dans cette mise en situation ?

Aides linguistiques en ligne :

– La nourriture : Tourdumonde : http://flenet.rediris.es/cours/ctdm.html
– La cuisine : http://cr.middlebury.edu/public/french/Lexique/
– Le partitif : Grammaire LescoNet : http://www.lesconet.net/grammaire/grm_present_U3.htm

Prolongements :
– Lire un conte de Noël : http://www.contesdenoel.com/
– Sur le site http://www.paroles.net/, en recherchant « recette », on trouve une chanson de Serge Gainsbourg : Recette de l'amour fou. Faire relever les termes culinaires et retrouver leur signification sur les sites de cuisine de ce scénario.

Variante pour l'étape 2b :
Par groupes de quatre, chaque étudiant propose un ingrédient qu'il aime. On recherche ensuite une recette possible avec ces ingrédients sur le site : http://www.cuisinorama.com/ dans la rubrique « Cuisino-Frigo » (menu à gauche).

Scénario de communication

Dispositif

L'ensemble du scénario peut se faire à distance si les étudiants sont suffisamment autonomes. Le forum sera alors un meilleur outil que le blog, car il permet des améliorations successives des productions (suite aux remarques de l'enseignant). On créera alors un sujet de forum par étape (1a, 1b, 2, 4, 5, 7).
Si on choisit un dispositif présentiel en salle informatique, l'enseignant pourra vérifier les différentes productions au fur et à mesure et on pourra alors utiliser un blog collectif pour la mutualisation des productions.

Configuration matérielle

Utilisation d'un forum ou d'un blog selon le dispositif choisi.

◗ Corrigé Étape 8

Avoir du pain sur la planche
Être haut comme trois pommes
Verser de l'huile sur le feu
Tomber dans les pommes
être/avoir un papa gâteau
Faire **monter** la moutarde au nez
Tenir à quelque chose comme à la prunelle de ses yeux
Tomber/venir comme un cheveu sur la soupe
Avoir un bon coup de fourchette
Mettre les petits plats dans les grands
Manger sur le pouce
Avoir les yeux plus gros que le ventre
Mettre les pieds dans le plat
Faire la fine bouche
Faire **venir** l'eau à la bouche
Boire comme un trou
Avoir l'estomac dans les talons
Faire **bouillir** la marmite

Généralisation du scénario

Le même scénario peut être utilisé pour d'autres fêtes traditionnelles françaises.
Sur le site http://www.saveursdumonde.net dans le menu « Célébrations » cliquez sur Épiphanie/Chandeleur/Saint-Valentin/Pâques
Sur le site http://www.alianwebserver.com/dans la rubrique *Société* : Saint-Valentin/Pâques/Carnaval/Saint-Patrick

Feuille de route

Repas de Noël

Vous serez en France pour Noël, vous décidez d'inviter votre famille et quelques amis. Vous allez devoir élaborer un menu de Noël typiquement français, faire vos courses et... cuisiner !

1. La tradition de Noël

En France

Vous voulez pouvoir renseigner votre famille sur la tradition de Noël en France, ses coutumes, etc. Rendez-vous sur le site http://www.alianwebserver.com/, cliquez sur *Société* puis sur *Noël* ou sur le site http://www.contesdenoel.com, cliquez sur *Traditions*.

Choisissez un thème parmi les suivants :

– le sapin, la crèche, le Père Noël, le houx et le gui, les contes,

– les chants de Noël, les croyances et superstitions, le repas

• Sur le forum, présentez l'origine du thème que vous avez choisi et dites comment vous pensez en tenir compte pour votre fête.

À l'étranger

• Remplissez le tableau suivant en comparant les plats et traditions de Noël dans différents pays.

Recherchez les informations sur le site http://www.saveursdumonde.net. Dans le menu *Célébrations*, cliquez sur *Noël*. Ajoutez un autre pays en bas du tableau.

	Plats	**Traditions**
Allemagne		
États-Unis		
Finlande		
Grande-Bretagne		
Grèce		
Italie		
Japon		
Portugal		
Québec		
Suède		
Suisse		

• Sur le forum ou le blog, indiquez la tradition qui vous semble la plus originale. Comparez avec les autres étudiants.

2. Le repas de Noël

a. Le menu

Sur le site http://www.arts-culinaires.com, cliquez sur *Recettes* (dans le menu du haut de la page), puis *les recettes à thèmes* (dans le menu de gauche), puis *Noël* et choisissez un menu typique de Noël avec une entrée, un plat et un dessert. N'oubliez pas les amuse-bouches et les vins.

b. Les recettes

Toujours sur le site http://www.arts-culinaires.com, essayez de trouver une recette pour chaque plat du menu. Vous pouvez aussi utiliser le site http://www.meilleur-duchef.com/ rubrique *recettes* et choisir une recette filmée ou illustrée. Si vous ne trouvez pas de recette pour un des éléments de votre repas, modifiez cet élément.

• Notez vos choix pour les trois plats et recopiez la liste complète des ingrédients à acheter en tenant compte des quantités nécessaires ! N'oubliez pas le pain, le fromage et la boisson.

c. Le fromage

Vous voulez prendre du camembert mais il y a tellement de choix que vous hésitez. Allez sur le site http://www.linternaute.com/ dans *Magazine/Consommation/Conso comparatifs/alimentaire*.

• Notez les comparaisons utilisées entre tous les camemberts. Lequel allez-vous choisir ?

d. Mon panier

Vous n'avez pas de voiture et vous souhaitez vous faire livrer, vous allez donc effectuer vos achats par Internet dans un cybermarché :
http://www.auchandirect.fr/

• Sélectionnez vos produits en choisissant les catégories en haut de l'écran. Les produits choisis et le montant de votre commande s'affichent automatiquement. Vous paierez en liquide au moment de la livraison. Combien devrez-vous payer ? Quel sera le prix de revient par personne ?

• Écrivez votre menu sur le forum ou le blog, ainsi que votre liste de courses avec le coût global. Quel est l'étudiant qui semble avoir réalisé le meilleur menu au meilleur coût ? Commentez les autres propositions.

3. L'invitation

Sur Google, recherchez une carte virtuelle d'invitation et envoyez-la à vos amis et à votre professeur, que vous invitez aussi bien sûr. N'oubliez pas d'indiquer l'heure et le lieu.

4. Le « savoir recevoir » français

Avant d'accueillir vos amis, informez-vous sur les traditions françaises.

L'art de recevoir français

Sur le site http://www.toutapprendre.com et dans la case recherche, tapez « recevoir ».

• Notez les informations qui vous paraissent intéressantes et différentes de chez vous. Vous en aurez besoin plus tard.

Bien mettre la table

Sur un moteur de recherche tapez : « l'art de bien mettre la table »

• Où est le verre à vin blanc par rapport au verre à vin rouge ? la fourchette à poisson par rapport à la fourchette à viande ?

• À l'aide du schéma, situez :

– le couteau à poisson
– la cuillère à soupe
– l'assiette de présentation
– la cuillère à dessert
– l'assiette à pain
– l'assiette creuse

Bien se tenir à table

Sur un moteur de recherche, tapez : « l'art de bien se tenir à table »

• Êtes-vous d'accord avec ces conseils ?

Sur ce site, postez vos commentaires dans l'espace qui vous est réservé.

• Notez les différences entre l'art de recevoir en France et dans votre pays. Faites la liste de ces différences sur le forum ou le blog, de cette façon : « en France on .... alors qu'en (au) .... on .... ».

Comparez avec les différences notées par les autres étudiants.

5. Recette de votre pays

Vos amis vous demandent une recette typique de votre pays. Mettez-la en ligne sur le site http://www.linternaute.com/ (menu *Magazine*, cliquer sur *Recettes de cuisine*, puis sur *Je propose une recette*), peut-être gagnerez-vous le concours.

• Copiez également cette recette sur le forum ou le blog, pour que les autres étudiants en profitent.

6. Lettre au Père Noël et Carte de vœux

Sur le site http://www.noeleternel.com/fr/, faites votre lettre au Père Noël et envoyez une carte de vœux virtuelle à votre professeur.

7. Expressions idiomatiques avec le vocabulaire de la cuisine

Dans un moteur de recherche, tapez chaque expression idiomatique.

• Regardez dans quel contexte elles sont employées et trouvez le verbe manquant :

.... du pain sur la planche.

.... haut comme trois pommes.

.... de l'huile sur le feu.

.... dans les pommes.

.... un papa gâteau.

.... la moutarde au nez.

.... à quelque chose comme à la prunelle de ses yeux.

.... comme un cheveu sur la soupe.

.... un bon coup de fourchette.

.... les petits plats dans les grands.

.... sur le pouce.

.... les yeux plus gros que le ventre.

.... les pieds dans le plat.

.... la fine bouche.

.... l'eau à la bouche.

.... comme un trou.

.... l'estomac dans les talons.

Faire.............................. la marmite.

• Publiez sur le forum ou le blog cinq des expressions ci-dessus dans le contexte qui vous a paru le plus typique ou le plus amusant. Lisez les contextes des autres étudiants.

Scénario 9

L'interview

Domaines : journalisme, cinéma	**Niveau :** à partir de B1
Public : adultes, adolescents à partir de 16 ans	**Durée :** 2h 30

Objectifs :

LANGAGIERS :
– L'argumentation, le questionnement, le lexique du cinéma et du sport
SOCIOCULTURELS :
– La connaissance du milieu cinématographique français
TRANSVERSAUX :
– Établir un budget prévisionnel, rechercher des informations, mener une interview

Aptitudes :

Compréhension écrite de documents courts et d'interviews.
Production écrite : article avec compte-rendu d'interview
Production orale : jeu de rôle (interview)

Supports :

– Site de la ville de Cannes : http://www.cannes.fr, pages « vie pratique », « transports », « espace interactif » « plan de ville », « restaurants ».
– Site officiel du festival de Cannes : http://www.festival-cannes.fr/
– Site Écran noir : http://ecrannoir.fr, pages « célébrités » et « entrevues »

Description succincte :

Simulation mettant en scène un journaliste, un rédacteur en chef, une célébrité du monde cinématographique. Préparation d'un voyage à Cannes et élaboration d'un budget prévisionnel. Recherche d'informations sur une personnalité du cinéma français et élaboration d'une interview.

Production prévue :

Budget prévisionnel. Article avec compte rendu d'interview, interview orale.

Critères de réussite :

Le budget prévisionnel est-il cohérent ? (entre 700 et 800 euros pour 2 jours)
L'interview est-elle bien documentée, bien construite, bien jouée et bien écrite ?

Aides linguistiques en ligne :

– L'interrogation : http://www.lepointdufle.net/p/interrogation.htm
– La vie culturelle : sur le site de civilisation de l'université de Cortland : http://www.cortland.edu/flteach/civ/

Suggestions pour l'enseignant :

– L'interview : http://www.xtec.es/~sgirona/fle/ex_interview.htm
– La presse : site du CLEMI http://www.clemi.org/ « formation »

Prolongements :

– Étudier le texte « Interview de l'abbé Pierre » présenté avec des questions fermées et ouvertes et des pistes de discussion sur le site Internet Actuel : http://www.vanin.be/nl/html/sec/uitgaven/frans/internetactuel/ ou sur un moteur de recherche tapez : « Interview de l'abbé Pierre internetactuel ».
– Le questionnaire de Proust : http://serieslitteraires.org/, rechercher Proust sur le site.

Scénario de communication

Dispositif

– **Étape 1 :** individuel ou binôme devant l'ordinateur, en présence ou non de l'enseignant (selon le niveau) : élaboration d'un budget prévisionnel pour un déplacement à Cannes, recherche d'informations sur une personnalité du cinéma français. Envoi de ce budget par mail (l'enseignant peut refuser ce premier budget en demandant de faire des économies).
– **Étape 2 :** binôme devant l'ordinateur, en présence ou non de l'enseignant (selon le niveau) : recherche d'informations, élaboration et publication de l'interview.
– **Étape 3 :** en présentiel en classe : jeu de rôle entre les deux personnes des différents binômes

Configuration matérielle

Créer un blog collectif comme support de publication des interviews, courriel.

Variante

Étape 2 : après avoir choisi une célébrité, il est possible de rechercher les informations la concernant sur un moteur de recherche.

Généralisation du scénario

Le même scénario peut être utilisé pour simuler l'interview de sportifs français ou de toutes autres personnalités connues.
Déroulement de cette variante, dans le cas d'un footballeur (on peut bien sûr choisir d'autres sports, selon l'intérêt des élèves, mais le foot présente l'intérêt d'être ancré localement dans les villes) :
– Faire chercher sur un site de presse en ligne quelles sont les trois (ou les cinq) meilleures équipes de football du championnat de France. http://www.lequipe.fr
– Choisir une de ces équipes, puis un footballeur précis (les grandes équipes de foot ont toutes un site Web).
– Faire un budget du déplacement dans la ville concernée (toutes les villes françaises ont des sites permettant de trouver hôtels, restaurants, etc.).
– Préparer puis simuler l'interview, en se documentant sur le joueur choisi et sur les prochaines rencontres importantes qu'il doit jouer.
– Le site de l'UEFA ou celui de *L'Équipe* proposent de telles interviews pouvant servir de modèle (http://fr.uefa.com/Magazine/news/Kind=512)

Feuille de route

L'interview

Vous êtes journaliste et vous devez interviewer une célébrité du cinéma français à l'occasion du festival international du film de Cannes. Vous allez préparer votre futur séjour à Cannes ainsi que votre prochaine interview.

1. Le budget prévisionnel

• Pour établir un budget prévisionnel détaillé de vos dépenses, allez sur le site de la ville de Cannes : http://www.cannes.fr en particulier sur les pages *vie pratique*, *transports*, *espace interactif*, *plan de ville*, *restaurants*.
Votre note de frais devra tenir compte : du/des moyen(s) d'acheminement, des transports sur place, de l'hébergement, de la restauration, des frais divers.

Transports	
Transport sur place	
Hébergement	
Restauration	
Autres frais	
Total	

• Soumettez votre proposition de budget par mail à votre professeur, qui joue le rôle de votre rédacteur en chef.

2. L'interview

Sur le site http://www.festival-cannes.fr/, à deux, choisissez une actrice ou un acteur. Vérifiez que le même acteur(trice) n'a pas été choisi par un autre binôme. Faites des recherches sur sa biographie, ses centres d'intérêt, sa personnalité, sa filmographie et ses projets.
Préparez l'interview en rédigeant une dizaine de questions en vous inspirant des entrevues présentes sur le site Écran noir : http://ecrannoir.fr/entrevues/
Publiez l'interview sous la forme d'un article sur le blog en ajoutant des photos.

3. Jeu de rôle

Jouez l'interview devant la classe avec votre binôme.

Scénario 10

Partager un appartement

Domaine : immobilier **Niveau :** B1, B2

Public : adultes, étudiants **Durée :** 3 ou 4 heures

Objectifs :

LANGAGIERS :

– La localisation, le futur, le passé composé, le lexique de l'habitation, la description d'un appartement, la description morale d'une personne.

SOCIOCULTURELS :

– Trouver un appartement pour étudiant, la colocation, les formalités administratives liées à la location

TRANSVERSAUX :

– Écrire un courriel amical, connaître les documents administratifs

Aptitudes :

– Compréhension écrite de documents courants et administratifs
– Production orale entre les membres du binôme
– Production écrite : écrire une description

Supports :

– Pour trouver un colocataire : http://www.colocation.fr/ou http://www.kel-koloc.com
– Pour rechercher un appartement : http://www.paruvendu.fr ou http://www.explorimmo.com
– La Caisse d'allocations familiales : http://www.caf.fr/
– Ikea : http://www.ikea.fr ou Conforama : http://www.conforama.fr
– Logiciel d'intelligence artificielle : http://y.20q.net.

Description succincte :

Les étudiants simulent une recherche de colocataire et d'appartement en France et sont confrontés aux formalités administratives. Ils racontent par écrit leur recherche et décrivent leur colocataire et l'appartement. Deux activités plus ludiques consistent à meubler cet appartement à partir d'un magasin en ligne et à utiliser un logiciel d'intelligence artificielle pour faire deviner un mot parmi le vocabulaire appris.

Production prévue :

Les sept commandements pour la colocation
Une fiche de recherche de colocataire
Un courriel pour parler de sa recherche de colocataire et d'appartement

Critères de réussite :

Les apprenants ont-ils réussi dans leur recherche de colocataire et de logement ?
La production écrite est-elle d'un niveau B1 minimum ?

Aides linguistiques en ligne :

• Activités concernant le logement
– Le site Civilisation française : http://www.cortland.edu/flteach/civ/: l'habitat et l'habitat intérieur
– Language guide : http://www.languageguide.org/ : la maison
– Le site Lexique : http://cr.middlebury.edu/public/french/Lexique/ : habitat et cadre de vie
– Le Point du FLE http://www.lepointdufle.net/vocabulaire.htm vocabulaire : à la maison

• Le futur et le passé composé :
Le Point du FLE : http://www.lepointdufle.net/grammaire/indicatif/futur et passé composé

Variantes :
Fiche : À la recherche d'un logement universitaire

Prolongements :
– Extrait n° 1 de *L'Auberge espagnole* de Cédric Klapish sur Allociné : http://www.allocine.fr ou le film en entier sur DVD.
– Extraits de *La Vie mode d'emploi* de Georges Perec.
– Georges Perec : « Emménager » : http://textesenlignes.free.fr/depart/perecdem.htm

Scénario de communication

Dispositif
Étape 1, a et b : travail individuel devant un ordinateur
Étape 1, c : cette partie peut se faire à distance avec l'envoi anonyme de toutes les fiches sur un blog commun ou en présentiel avec reprise en classe des points a et b, mélange et redistribution des fiches de recherche de colocataire et création de binômes à partir des préférences exprimées.
Étapes 2, 3, 5 : travail par binômes ensemble devant l'ordinateur ou à distance. Le résultat des étapes 2 et 5 peut faire l'objet d'une publication sur le blog.
Étapes 4, 6 et 7 : travail individuel ou en binôme.

Configuration matérielle
Utilisation d'un blog collectif et du courrier électronique

Feuille de route

Partager un appartement

Vous cherchez à vous loger en France. Vous pensez qu'il est préférable de trouver un colocataire avec qui vous allez chercher un logement.

1. Êtes-vous prêt à vivre en colocation ?

Sur http://www.colocation.fr/ regardez dans Le guide de survie (colonne de gauche) puis Les principales règles de survie.
Parmi les quinze règles de survie, quelles sont les sept qui vous paraissent les plus importantes ? Présentez-les à la manière des 10 commandements.
Exemple : Tu ne voleras pas ton colocataire.
Sur le même site http://www.colocation.fr/, choisissez le pays et la ville où vous voulez habiter et regardez les demandes et les offres de colocation.
• En vous inspirant des fiches, faites votre portrait et celui du colocataire idéal et postez cette fiche dans le blog.

FICHE « RECHERCHE DE COLOCATAIRE » N°

Moi	Le colocataire idéal

• Regardez les autres fiches des étudiants de la classe (sur le blog ou dans la classe) et trouvez le colocataire qui vous correspond le mieux.

2. Cherchez un logement

Votre budget

Fixez-vous d'abord un budget mensuel que vous répartirez entre : logement-/nourriture/transports/loisirs/vêtements.

Avec votre colocataire, vous cherchez un appartement.

• Sur le site http://www.paruvendu.fr ou http://www.explorimmo.com consultez les offres et faites votre choix. Attention de ne pas dépasser votre budget.
• Décrivez sur le blog l'appartement que vous avez choisi.

3. Les termes spécifiques de la location

Sur le site : http://www.estudines.fr/dans *informations pratiques*, allez voir le sens de termes concernant la location de logement et répondez aux questions :

Qu'est-ce qu'on entend par « charges » :

– ....

Quels sont les « droits et les obligations du locataire » ?

– ....

À quoi sert « l'état des lieux » ?

– ....

Qu'est-ce qu'un « contrat de bail » ?

– ....

Quel est le montant maximum d'un « dépôt de garantie » ?

– ....

Quelles sont les « aides au logement » ?

– ....

« L'assurance » est-elle obligatoire ?

– ....

4. L'aide au logement

Sur le site de la CAF http://www.caf.fr/, faites une demande d'aide au logement en remplissant le questionnaire.

5. L'aménagement du logement

• À deux, aménagez votre appartement en vous rendant sur le site Ikea : http://www.ikea.fr ou Conforama : http://www.conforama.fr.
Tenez toujours compte du budget que vous vous êtes fixé. Faites une liste de ce que vous avez acheté et le total des dépenses. Combien avez-vous dépensé ?
Mettez votre liste sur le blog et commentez la liste d'un autre étudiant.

• **Envoyez un courriel**
Écrivez à un ami ou à un membre de votre famille pour raconter votre recherche de colocataire et d'appartement. Envoyez une copie de ce courriel à l'adresse de votre professeur.

• **Un mot à deviner**
Pensez à un mot nouveau ayant un rapport avec l'appartement.
Sur le site http://y.20q.net répondez aux questions que vous pose l'ordinateur, le logiciel essaiera de trouver le mot auquel vous avez pensé.

Scénario 11

L'école en France

Domaine : le système scolaire français — **Niveau :** B1, B2

Public : adolescents, adultes — **Durée :** 3 heures

Objectifs :

LANGAGIERS :
– Donner son opinion, poser des questions, l'opposition

SOCIOCULTURELS :
– Le système scolaire français

TRANSVERSAUX :
– Interpréter et faire un sondage, argumenter, participer à un forum

Aptitudes :
– Compréhension écrite : articles de presse, critiques de film
– Compréhension orale : extraits de film
– Production écrite : donner son avis sur le forum

Supports :
– Forum sur un site pour enfants et adolescents. http://www.momes.net/forum/:
– Les clés de l'actualité junior, quotidien d'information pour jeunes adolescents : http://www.lesclesjunior.com/
– Mise en ligne de sondage http://www.pouroucontre.com :
– Site de cinéma : http://www.allocine.fr/

Description succincte :
– Recherche sur Internet des points polémiques concernant l'école en France.
– Élaboration d'un sondage à mettre en ligne. Visualisation d'extraits du film sur l'école Être et avoir et classement des critiques positives et négatives.

Production prévue :
Classement des arguments pour ou contre.
Développement de plusieurs points.
Réalisation d'un sondage.

Critères de réussite :
Le sondage est-il bien construit ? A-t-on envie d'y répondre ?
La participation au forum est-elle naturelle et bien documentée ?

Aides civilisationnelles et linguistiques en ligne :
– Le système scolaire français :
http://www.cortland.edu/flteach/civ/
http://cr.middlebury.edu/public/french/Lexique/
– L'interrogation : Le Point du FLE : http://www.lepointdufle.net : grammaire/interrogation
L'opposition : Le Point du FLE : http://www.lepointdufle.net : grammaire/relations logiques

Prolongements :
Textes journalistiques adaptés au niveau B1, B2 :
« Les 12-18 ans jugent l'école »
« Les cahiers de vacances sont-ils vraiment efficaces ? »

« Jeunes : où passe l'argent ? »
Ces textes sont accompagnés de questions fermées et ouvertes et de pistes de discussion sur le site Internet Actuel : http://www.vanin.be/nl/html/sec/uitgaven/frans/internetactuel/ ou tapez les titres entiers + *internetactuel* sur un moteur de recherche.
Lire un extrait du *Gone du Chaâba* d'Azouz Begag : Google « clicnet begag » ou http://clicnet.swarthmore.edu/litterature/moderne/begag/textes.html

Scénario de communication

Dispositif

Le scénario peut se réaliser en salle informatique en présence de l'enseignant ou bien à distance. L'enseignant peut vérifier ou non le résultat de l'étape 1 : celle-ci constitue surtout une préparation à l'étape 2.
Pour l'étape 2, deux possibilités : participer à un forum déjà existant, sur http://www.momes.net/forum/ par exemple, ou bien créer un forum propre à la classe. Le travail sur forum peut être suivi d'un débat oral en classe : on aura alors repéré les thèmes qui intéressent le plus les étudiants.
Pour l'étape 3a, il est important que l'enseignant corrige les sondages avant leur mise en ligne. 3b et 3c peuvent donner lieu à des échanges en classe (en cas de présentiel) ou bien à un bilan sur le forum.
L'étape 3d peut se faire à l'oral ou bien par courriel.
Le tableau de l'étape 4 est à envoyer à l'enseignant. Une discussion en classe autour du film est envisageable.

Configuration logicielle

Créer un forum ou trouver un forum où les étudiants pourront intervenir. Les apprenants doivent avoir une adresse de courrier électronique ; le forum peut être utilisé comme liste de diffusion interne à la classe (groupes Google ou Yahoo).

Variantes

Pour les niveaux A2, chercher les informations sur le site : http://www.lesclesjunior.com/dans la partie archives plutôt que sur les blogs ou les forums. La lecture des comptes rendus de sondages sur le site de la Sofres (3 d) n'est pas conseillée pour ce niveau.

Généralisation du scénario : sondages en ligne

De nombreux thèmes peuvent se prêter à la création de sondages en ligne par les étudiants. Cela peut constituer une bonne préparation à une discussion en classe ou en ligne. Selon le choix de l'enseignant, des thèmes ou familles de thèmes peuvent être imposés.

Support

Site de sondage Pour ou contre : http://www.pouroucontre.com/

Sur ce site, des centaines de sondages créés par des internautes sont disponibles et classés selon les thèmes suivants : Arts-Culture, Biens de consommation, Communication-Médias-Information, Emploi, Enseignement, Entreprise, Environnement, Animaux, Famille, Industrie, Informatique, Internet, Loisirs, Sports, Religion, Santé, Sciences-Recherche, Vie de la cité

Mise en œuvre

1. Répondre à un sondage : les étudiants répondent à deux sondages de leur choix, puis consultent les résultats.

2. Élaborer un sondage : à deux, les étudiants choisissent un thème et rédigent un sondage avec au moins cinq questions.

3. Mettre en ligne le sondage.

4. Consulter les sondages des autres étudiants (nouveaux sondages) et y répondre.

5. Retourner voir le sondage mis en ligne et voir combien de personnes ont répondu et quel est le résultat.

6. Retrouver les questions d'un sondage à partir de son compte rendu

• Choisir un sondage récent parmi ceux présentés sur la page d'accueil du site de la Sofres : http://www.tns-sofres.com

• Lire le compte rendu des résultats du sondage et deviner les questions qui ont été posées.

• Poser ces questions à un autre étudiant.

Feuille de route

L'école en France

1. Les polémiques autour de l'école

Voici quelques thèmes controversés concernant l'école en France :

- L'uniforme obligatoire à l'école.
- Interdiction des signes religieux.
- *La Marseillaise* chantée à l'école primaire.
- Le portable autorisé ou interdit.
- Quelle langue étrangère à l'école primaire ?
- La semaine de 4 ou 5 jours en primaire.
- La mixité à l'école.
- L'enseignement de la religion à l'école.
- Les distributeurs de boissons dans les écoles.
- Le port des vêtements de marque.
- Les devoirs de vacances.

• Choisissez trois thèmes.

Allez sur le forum du site Momes. net : http://www.momes.net/forum/ et lisez l'avis des adolescents sur ces sujets. Vous pouvez aussi vous documenter sur ces questions en tapant les thèmes ci-dessus dans un moteur de recherche, vous trouverez des articles ou des forums qui leur sont consacrés.

Pour vous, faites une liste des arguments pour ou contre chacun des trois thèmes choisis. Indiquez votre propre opinion.

Thèmes	Pour	Contre	Mon opinion
1			
2			
3			

2. Forum

Sur le forum, donnez votre avis et discutez.

3. Sondages

a. Élaborer un sondage

Rédigez un sondage avec au moins cinq questions reprenant certains des thèmes de la première étape. Faites corriger votre sondage par votre professeur. Il va être mis sur Internet et tout le monde va pouvoir en prendre connaissance, il serait dommage qu'il reste des fautes !

b. Mise en ligne du sondage

Allez sur le site : Pour ou contre : http://www.pouroucontre.com/

Créez-vous un compte en mettant votre adresse électronique et votre mot de passe. Entrez le sondage que vous avez créé.

• Vous devez donner un titre représentatif du thème du sondage mais vous n'êtes pas obligé de mettre le nom d'un vrai site ni son adresse.

• Consultez les sondages des autres étudiants (nouveaux sondages) et répondez-y

• Consultez à nouveau votre sondage : quel est le résultat ?

c. Retournez voir votre sondage une semaine plus tard

Combien de personnes ont répondu ? Quel est le résultat ? N'oubliez pas le titre de votre sondage.

d. La Sofres, spécialiste des sondages d'opinion

Sur la page d'accueil du site de la Sofres : http://www.tns-sofres.com, choisissez un sondage récent concernant l'école ou les jeunes.

Lisez le compte rendu du sondage et essayez de retrouver les questions qui ont été posées. Envoyez ces questions aux autres étudiants ou bien posez-les-leur oralement.

Répondez aux questions d'un ou deux autres étudiants ayant choisi un sondage différent du vôtre.

4. *Être et avoir*

Être et avoir est un film documentaire tourné dans une classe unique d'une petite école de village.

Extraits du film

Sur le site Allociné : http://www.allocine.fr/, cherchez « Être et avoir » et regardez les trois extraits des bandes-annonces.

Les critiques

Lisez quelques-unes des critiques de la presse et des spectateurs, de 4 étoiles à 1 étoile. Quels sont en général les arguments pour ce film ? Quels sont les arguments contre ?

Donnez le tableau rempli à votre enseignant.

Arguments pour	Arguments contre

Scénario 12

Les aventures de Tintin

Domaines : Littérature, bande dessinée **Niveau :** B1, B2

Public : adolescents/adultes **Durée :** 4 heures

Objectifs :
LANGAGIERS :
– Lexique des qualités et défauts, la description physique, la cause
SOCIOCULTURELS :
– Familiarisation avec la bande dessinée de Tintin
TRANSVERSAUX :
– Lecture repérage de textes authentiques, lecture de bandes dessinées

Aptitudes :
– Compréhension orale d'extraits vidéo
– Compréhension écrite de descriptions de personnages
– Production écrite de brèves narrations

Supports :
– Le site officiel de Tintin : http://www.tintin.com
– L'encyclopédie *Wikipedia* : http://fr.wikipedia.org/wiki/Tintin,
– Le site d'un tintinophile : http://www.pierretintin.ch/
– Des extraits de dessins animés de Tintin : http://tintin.francetv.fr/

Description succincte :
Les étudiants naviguent sur différents sites consacrés à Tintin pour apprendre à connaître le héros de bande dessinée le plus plébiscité par les Français. Ils imaginent des péripéties et anecdotes.

Production prévue :
Remplir une fiche d'identité
Écrire une histoire qui arrive à Tintin, puis une suite d'histoire
Écrire une lettre à Tintin
Imaginer et écrire une anecdote : le capitaine Haddock dans le monde francophone.

Critères de réussite :
L'étudiant est-il capable de résumer une péripétie qu'il a vue en dessin animé ? d'imaginer une suite cohérente ?
L'étudiant est-il capable d'écrire une lettre en tenant compte des informations qu'il a découvertes sur Tintin ?

Aides linguistiques en ligne :
La cause : Le Point du FLE : http://www.lepointdufle.net : grammaire/relations logiques

Prolongements :
Étudier le texte « Tintin a 75 ans » présenté avec des questions fermées et ouvertes et des pistes de discussion sur le site Internet actuel : http://www.vanin.be/nl/html/sec/uitgaven/frans/internetactuel/ ou tapez « tintin a 75 ans + internetactuel » sur un moteur de recherche.
Lire d'autres albums de Tintin ou visionner un film ou dessin animé.

Scénario de communication

Dispositif

Le travail peut se faire en salle informatique en présence de l'enseignant, spécialement quand une production écrite est demandée (étapes 4 à 7). Il peut également se faire à distance, si le niveau des étudiants le permet.
Les étapes 1 à 3 sont autocorrectives. Les étapes 4, 5 et 7 donnent lieu à une publication sur un blog collectif ; l'enseignant peut se servir de la fonction « commentaire » du blog pour signaler les principales erreurs.
Pour l'étape 6, la production sera d'abord soumise à l'enseignant pour correction avant d'être mise en ligne.
Pour les étapes 4 et 7, au lieu d'une production écrite, on peut demander un enregistrement sonore (avec Audacity, par exemple).

Configuration matérielle

Création d'un blog (le cas échéant, un audioblog).
Vérifier que la vidéo passe bien sur les postes où travailleront les étudiants.

Variantes

Pour l'étape 4, les suites d'histoires peuvent être écrites de manière collaborative sur un *wiki* (une page par histoire) : chaque étudiant écrit alors à son tour une phrase en cohérence avec ce qui précède.
Pour l'étape 7, la scène peut être jouée.

Corrigé

Étape 1 :

Comment Milou est-il traduit dans votre langue ? (voir les 47 traductions de Milou sur le site)
De quelle race est Milou ? Fox-terrier à poil dur
Quelle est la profession des Dupont et Dupond ? Policier
Comment s'appelle le domestique du château ? Nestor
Quelle est la profession de Bianca Castafiore ? Artiste lyrique ou cantatrice
Quelle est l'ancienne profession du capitaine Haddock ? Capitaine de marine marchande
Comment Tintin est-il habillé ? Un pantalon de golf marron, une chemise blanche, un pull bleu

Étape 2 :

– Comment s'appelle l'album de Tintin qui se passe en Chine ? *Le Lotus bleu*
– Comment s'appelle l'album de Tintin qui se passe en Russie ? *Tintin au pays des Soviets*
– Comment s'appelle l'album de Tintin qui se passe en Afrique ? *Tintin au Congo*

– Où se passe *Au pays de l'or noir* ? Au Moyen-Orient
– Quelle était la prédiction dans *Les 7 Boules de cristal* ?
« Dans des milliers de lunes viendront 7 étrangers et ces profanateurs emporteront le corps de l'Inca dans leur lointain pays mais la malédiction divine s'attachera à leurs pas et les poursuivra par-delà les mers et les monts. »
– Dans *Le Crabe aux pinces d'or,* que s'est-il passé pour Toutankhamon ? Des Égyptologues sont morts mystérieusement après avoir ouvert le tombeau du pharaon. Dans le même album, de qui Tintin fait-il connaissance ? Du capitaine Haddock
– Dans *Vol 714 pour Sydney,* quelle confusion fait le capitaine Haddock ? Il prend un célèbre milliardaire pour un mendiant.

Feuille de route

Les aventures de Tintin

1. Les personnages de Tintin

Sur le site http://www.tintin.com, cliquez sur *: les aventures de Tintin/les personnages/*puis cliquez sur chaque personnage pour répondre aux questions.

- Comment Milou est-il traduit dans votre langue ?
- De quelle race est Milou ?
- Quelle est la profession des Dupont et Dupond ?
- Comment les Dupont et Dupond sont-ils traduits dans votre langue ?
- Quelles sont les deux expressions favorites de Dupont et Dupond ?
- Comment s'appelle le domestique du château ?
- Quelle est la profession de Bianca Castafiore ?
- Quelle est l'ancienne profession du capitaine Haddock ?
- Quelle est la profession de Tournesol ?

Remplissez les fiches d'identité de Tintin et Milou

Nom et Prénom : *Tintin*

Profession :

Caractéristique(s) physique(s) :

Qualité(s) :

Défaut(s) :

Intérêt(s) :

Nom et Prénom : *Milou*

Profession

Caractéristique(s) physique(s) :

Qualité(s)

Défaut(s)

Intérêt(s)

Choisissez un autre personnage parmi les dix autres présentés et remplissez sa fiche d'identité.

Nom et Prénom

Profession

Caractéristique(s) physique(s) :

Qualité(s)

Défaut(s)

Intérêt(s)

2. Les albums de Tintin

Cliquez sur : *les aventures de Tintin/Les albums.* En vous aidant de la planisphère répondez aux questions suivantes.

• Comment s'appelle l'album de Tintin qui se passe en Chine ?
• Comment s'appelle l'album de Tintin qui se passe en Russie ?
• Comment s'appelle l'album de Tintin qui se passe en Afrique ?
• Où se passe *Au pays de l'or noir* ?
• *On a marché sur la lune* a-t-il été publié avant ou après les premiers pas sur la lune de Armstrong ?
• *Les 7 Boules de cristal*. Lisez le synopsis et regardez l'extrait en dessin animé. Quelle était la prédiction ?
• *Le Crabe aux pinces d'or*. Dans cet album, de qui Tintin fait-il connaissance ?
• *Vol 714 pour Sydney*. Lisez le synopsis et regardez l'extrait en dessin animé. Quelle confusion fait le capitaine Haddock ?

3. Les dessins animés

Retournez sur la page d'accueil: http://tintin.francetv.fr/ et cliquez dans *Les dessins animés*. Regardez les 13 extraits.
Dans lequel Tintin court-il un risque ? Quel risque ?

4. Raconter une histoire de Tintin

À partir d'un des extraits de dessin animé, racontez en cinq lignes ce qui se passe durant l'extrait. Publiez votre histoire sur le blog sans donner de titre. Lisez les histoires de deux autres étudiants et indiquez en commentaire de quel dessin animé il s'agit.
Imaginez la suite de l'histoire (10 lignes) et publiez-la sur le blog.

5. Les objets Tintin

Dans le *store* : comme souvenir vous décidez de rapporter des objets Tintin, vous faites vos achats. Vous avez 200 euros à dépenser et vous devez trouver quelque chose pour :

– un jeune enfant de 2 ans
– un garçon de 6 ans
– une jeune femme
– un jeune homme
– un homme âgé
– votre professeur
– vous-même

• Expliquez sur le blog quels cadeaux vous avez choisi et pourquoi.

6. Écrire à Tintin

Sur le site Dialogus : http://www.dialogus2.org/ dans *Personnages de fiction*, cliquez sur *Tintin*.
Des internautes ont écrit à Tintin qui leur a répondu. Lisez quelques-unes de leurs lettres et écrivez à votre tour à Tintin qui vous répondra certainement. Montrez votre lettre à l'enseignant avant de la publier.
Le courrier n'est pas très rapide là où il se trouve ; ne vous impatientez pas, la réponse peut mettre 2 semaines.

7. Tintin et le capitaine Haddock dans le monde francophone

Vous avez été choisi pour écrire la prochaine aventure de Tintin. Vous décidez de le faire voyager dans un pays francophone.
Cherchez sur Internet une carte du monde francophone et sélectionnez un pays
Sur le site du *Guide du routard* : http://www.routard.com/ cliquez sur *Guide/nos destinations* et retrouvez le pays choisi. Dans le menu de gauche cliquez sur *traditions*. Dans le paragraphe *Savoir-vivre et coutumes*, vous trouverez une liste de gaffes à éviter. Le capitaine Haddock, qui n'est pas toujours au courant des coutumes locales et pas toujours très délicat, fera sans doute quelques erreurs.
Imaginez une anecdote, donnez-lui un titre et racontez-la sur le blog.

Scénario 13

La Marseillaise

Domaines : civilisation française, interculturel
Niveau : Étape A : B1
Étapes B et C : B2 et C1

Public : adultes, adolescents à partir de 16 ans
Durée : A : 3 h – B : 4 h – C : 2 h

Objectifs :
LANGAGIERS :
– L'interrogation, les temps du passé, le passif, les symboles d'un pays.
SOCIOCULTURELS :
– L'histoire de France, *La Marseillaise*
TRANSVERSAUX :
– Donner son avis, poser des questions, réflexion métalinguistique sur les erreurs de traduction, exercice de synthèse.

Supports :
– Une encyclopédie en ligne : http://fr.wikipedia.org/
– Le traducteur de Voilà : http://tr.voila.fr/
– Le site de *La Marseillaise* : http://hymne-national.ifrance.com/
– Le site de la Présidence de la République : http://www.elysee.fr
– Le site de TF1 : http://www.tf1.fr
– Site du Conseil de l'Europe : http://www.coe.int
– Site pour créer des sondages et y répondre : http://www.pouroucontre.com/
– Textes de chansons francophones : http://www.paroles.net/
– Site de Graeme Allwright : http://www.graemeallwright.com/la_marseillaise. htm

Aptitudes :
Compréhension orale avec l'écoute des hymnes et des reportages.
Expression écrite avec les réponses aux questions, les commentaires et les créations collectives.
Production écrite avec des résumés d'articles ou expression d'opinion.

Description succincte :
A. Comparaison entre les symboles de la République française et ceux des pays des apprenants.
B. Réflexion sur la polémique qui entoure l'hymne français.
C. Réflexion sur les symboles de l'Europe.

Production prévue :
Présentations des symboles des pays.
Synthèse et commentaires.
Création et mise en ligne d'un sondage.
Création d'un hymne européen sur le *wiki*.

Critères de réussite :
Les étudiants ont-ils mis en ligne leurs réactions et opinions et ont-ils échangé entre eux ?

Aide lexicale et civilisationnelle en ligne :
Avant l'étape B, la leçon sur les symboles du site *Civilisation française* sera une bonne entrée en matière : http://www.cortland.edu/flteach/civ/.

Prolongements :
Un collectionneur de « Marianne » : sur le site http://www.lechineur.fr/tapez « Marianne »

Scénario de communication

Dispositif

Les étapes A et B peuvent être réalisées hors de la présence de l'enseignant (à distance ou en salle informatique en libre accès). Chaque étudiant créera son propre blog et y mettra ses productions (consignes précédées d'une puce : •). L'enseignant peut éventuellement utiliser la fonction « commentaire » des blogs pour apporter des corrections ou suggestions.

Si les apprenants sont de nationalités différentes, on liera tous les blogs entre eux afin que chacun prenne connaissance des symboles des autres pays et puisse y réagir (fonction « commentaire » des blogs) : on insistera alors sur cette écriture de commentaires.

Le *wiki* permet de réaliser une production écrite collective.

L'ensemble du scénario peut bien sûr être réalisé en présentiel en salle informatique. Et les mises en commun et discussions peuvent alors avoir lieu à l'oral. Mais le *wiki* sera toujours un outil utile pour la production collective (étape C).

Configuration

Pouvoir écouter de la musique au format MP3.

Prévoir des casques ou haut-parleurs pour l'écoute des chansons et reportages.

Créer un blog par étudiant et un wiki pour la classe.

Créer un sondage sur : http://www.pouroucontre.com

◗ Corrigé

Étape 3 (Feuille de route)

À quelle date a été composée la Marseillaise ? **1792**

Par qui ? **Rouget de L'Isle**

En quelle année est-elle devenue hymne national ? **1887**

Feuille de route

La Marseillaise

◗ Le pays et ses symboles

1. Les symboles de votre pays

Votre hymne national

• Quel est l'hymne national de votre pays ?

• En connaissez-vous les paroles ?

Regardez les paroles de votre hymne sur le site http://fr.wikipedia.org/ en tapant « hymne national » dans la zone de recherche.

Traduction

• Traduisez en français le refrain ou le premier couplet de votre hymne national en utilisant le traducteur de Voilà : http://tr.voila.fr/(en faisant un copier/coller). La traduction vous semble-t-elle correcte ? Réfléchissez aux erreurs commises par le traducteur.

• Retraduisez le résultat dans votre langue, toujours avec le même traducteur. Reconnaissez-vous le texte d'origine ?

(Si votre langue maternelle n'est pas disponible sur ce traducteur, faites une recherche de traducteur ou traduisez en anglais puis en français.)

Vous pouvez mettre la traduction en français sur votre blog.

Les autres symboles

Quels sont les autres symboles de votre pays ? Vérifiez sur *Wikipedia*.

• Faites une synthèse des symboles de votre pays, présentez-les et dites ce que vous en pensez sur votre blog. Allez ensuite sur les blogs des autres étudiants et commentez ce qu'ils ont écrit.

2. Les symboles de la République française

Les sept symboles

• Connaissez-vous les sept symboles de la République française ?

Vérifiez la réponse sur le site http://www.elysee.fr en tapant « la Marseillaise » dans la zone *Rechercher* et demandez un tri par pertinence. Les symboles sont en rouge.

• Qui a servi de modèle pour la dernière Marianne ?

L'avis des Français

• Pour connaître l'avis des Français sur les symboles de la France, allez sur le site : http://www.tf1.fr et dans la zone de recherche tapez : « le drapeau symbole », lisez l'article : *Le drapeau, symbole le plus fort de la France* et prenez des notes.

3. La Marseillaise

Son histoire

Sur le site http://fr.wikipedia.org/ tapez « Marseillaise » dans la zone de recherche ou retournez sur le site http://www.elysee.fr et lisez la partie *Histoire* et répondez aux questions suivantes :

• À quelle date a été composée la Marseillaise ?

• Par qui ?

• En quelle année est-elle devenue hymne national ?

Son message

Lisez les paroles du refrain et du premier couplet de *La Marseillaise*.

• Quel est le thème principal ?

• Est-ce très différent de votre hymne ?

• Faites un résumé de l'article « Le drapeau, symbole le plus fort de la France » et de ce que vous avez appris sur les symboles de la république française sur votre blog. Ajoutez vos commentaires personnels, notamment en comparant avec les symboles de votre pays.

4. Test

Sur un moteur de recherche tapez « babelnet symboles » et répondez aux questions sur les symboles de la France.

Les polémiques sur *La Marseillaise* et ses différentes versions

1. Les différentes versions de *La Marseillaise*

Sur le site : http://hymne-national.ifrance.com/ dans *La musique*, écoutez les versions de

- Mireille Mathieu.
- Serge Gainsbourg.
- Oberkampf.
- Les Rugbymen du Stade de France.

• Quelles sont vos impressions sur ces différentes interprétations ?
• Notez-les, vous aurez besoin de vos notes pour la question suivante.

2. La polémique

Une Marseillaise relookée

Sur le site TF1 LCI http://news.tf1.fr/ tapez « Marseillaise mondialisée » dans la zone de recherche.

• Quelles sont les propositions faites par le député Gilles de Robien ?
• Quels sont le nouveau refrain et le nouveau couplet proposés ?
• Que pensez-vous de ces propositions ? Prenez des notes, vous en aurez besoin plus tard.

Les avis

Lisez les réactions à cet article dans le forum en bas de la page.
Faites aussi une recherche sur un moteur avec les termes : « forum La Marseillaise » et « blog La Marseillaise » et lisez les différents avis.
Vous pouvez écouter quelques reportages sur http://www.tf1.fr (*vidéo* : recherchez : « La Marseillaise »).

La Marseillaise *de Graeme Allwright*

Sur le site de Graeme Allwright :
http://www.graemeallwright.com/la_marseillaise. htm, lisez sa version de *La Marseillaise* et son argumentation.

Votre avis

Après avoir pris connaissance des différents avis sur *La Marseillaise*, vous ferez une synthèse que vous posterez sur votre blog en mettant en conclusion votre avis personnel.

Si vous le souhaitez, vous pouvez signer l'appel de Graeme Allwright et informer vos amis.

3. Un sondage

Sur le site http://www.pouroucontre.com/vous allez élaborer un sondage ayant pour thème les symboles de la France. Préparez des questions en groupe et rentrez votre sondage. Mettez sur votre blog un lien vers le sondage. Retournez voir les résultats dans une semaine (voir Scénario 3, point 5).

◗ L'Europe

1. Ses emblèmes

• Quels sont les emblèmes de l'Union Européenne ? Que représentent-ils ?
Vous trouverez les réponses sur le site du Conseil de l'Europe : http://www.coe.int, cliquez sur *drapeau, hymne* et *logo* (menu à gauche).

2. L'hymne européen

Vous pouvez écouter l'hymne européen sur ce site et lire les paroles sur http://www.paroles.net *hymne européen*

• Étudiez le texte *Pas de jaloux : chantons l'Europe en latin* sur le site Internet Actuel : http://www.vanin.be/nl/html/sec/uitgaven/frans/internetactuel/ou sur un moteur de recherche tapez : « chantons l'Europe en latin internetactuel ». Répondez aux questions.

• L'hymne européen en plusieurs langues. Imaginez que chaque couplet de l'hymne européen soit en l'une des langues des pays de l'Europe.

• Sur le *wiki*, écrivez un couplet dans votre langue et joignez-y la traduction en français.

Scénario 14

Les impressionnistes

Domaines : culture, peinture	**Niveau :** B2
Public : adultes, étudiants en français du tourisme	**Durée :** 3 h

Objectifs :
LANGAGIERS :
– Nominalisation, le lexique de l'art, de la peinture
SOCIOCULTURELS :
– La peinture et l'impressionnisme
TRANSVERSAUX :
– Décrire un tableau, donner son avis, faire un exposé oral

Aptitudes :
– Compréhension écrite.
– Production écrite : biographie, description d'une œuvre.
– Production orale : présentation d'un peintre et de ses œuvres.

Supports :
– Site consacré au mouvement impressionniste et ses grands peintres http://www.impressionniste.net
– Les informations encyclopédiques : http://fr.wikipedia.org/
– Le site du musée d'Orsay : http://www.musee-orsay.fr/
– Les cartes postales d'œuvres d'art : http://artcard.free.fr/
– Quiz sur l'impressionnisme : http://artquizz.free.fr
– Site complémentaire : http://www.atelier-cezanne.com

Description succincte :
Réalisation d'une biographie d'un peintre impressionniste à partir des données présentes sur le site : présentation de ce peintre et de quelques-unes de ses œuvres comme le ferait un guide de musée. Activités ludiques sous forme de quiz.

Production prévue :
Biographie du peintre
Description écrite d'une œuvre
Exposé oral
Rédaction d'une carte postale

Critères de réussite :
La biographie doit être concise et utiliser des nominalisations.
L'exposé oral sera la simulation d'une visite guidée et il devra être compris par l'ensemble de la classe.

Aides linguistiques en ligne :
– Nominalisation : http://www.xtec.es/~sgirona/fle/nominalisation_index.htm
– Description d'un tableau et types de peinture : Peinturfle : http://peinturefle.ovh.org/

Scénario de communication

Dispositif
Étapes 1, 2, 3, 5, 6 : travail devant un ordinateur, seul ou en binôme
Étape 4 : travail en présentiel en classe
Étape 6 : mise en commun : présentiel ou *via* un blog

Configuration matérielle
Utilisation d'un blog collectif et si possible d'un vidéoprojecteur et logiciel de présentation (de type PowerPoint) pour l'étape 3 et éventuellement 6.

Généralisation du scénario

Le même type de scénario peut être appliqué à d'autres écoles de peinture ou même à d'autres formes de beaux-arts. Le site du Louvre sera alors précieux : http://www.louvre.fr

Feuille de route

Les impressionnistes

1. Testez vos connaissances en peinture

Sur le site http://artquizz.free.fr, faites les tests sur les impressionnistes.
En bas du menu à gauche, faites les tests : *Découpage*, *Mémoire* et *Jeunes*.

2. Biographie

• Choisissez un peintre parmi ceux proposés sur le site : http://www.impressionniste.net (sauf Bazille et Sisley), lisez la page qui lui est consacrée et faites une biographie synthétique en choisissant une vingtaine d'événements importants. Vous utiliserez des nominalisations.
Vous pouvez compléter vos informations sur le site *Wikipedia* http://fr.wikipedia.org/ en recherchant le peintre choisi.
Exemple :
1849 : Embarquement pour le Pérou avec sa famille
30 octobre : Mort de son père
• Postez votre biographie sur le blog.

3. Le musée d'Orsay

• Regardez si votre peintre est présent au musée d'Orsay : http://www.musee-orsay.fr/. Sélectionnez une de ses œuvres et faites-en la description par écrit. Dites pourquoi vous l'avez choisie et ce qu'elle vous inspire.
• Postez votre présentation sur le blog avec une photo de l'œuvre.
• Dites ce que vous pensez de la présentation des autres étudiants.

4. Visite guidée

Vous êtes guide au musée d'Orsay. Faites une présentation à la classe du peintre impressionniste que vous avez choisi et de quelques-uns de ses tableaux les plus célèbres. Utilisez si possible un logiciel de présentation et un vidéoprojecteur.
• Dans le cas d'un travail à distance, faites un enregistrement de 2 minutes que vous mettrez sur le blog.

5. Carte postale

• Sur le site http://artcard.free.fr/, choisissez une carte et envoyez-la à un élève de la classe, vous enverrez aussi une copie à votre professeur. Dites, en quelques mots, ce que vous pensez des impressionnistes et quels sont vos tableaux préférés.

6. Cadeaux

• Allez dans la boutique du musée d'Orsay et choisissez des cadeaux à offrir à différentes personnes de votre entourage (six au moins, d'âges différents).
• Présentez vos choix aux autres étudiants en les expliquant (soit par le blog, soit par présentation en classe).

Scénario 15

Revue de presse

Domaines : actualités, presse **Niveau :** B2, C1

Public : adultes **Durée :** 2 heures

Objectifs :
LANGAGIERS :
– La nominalisation, le passif
SOCIOCULTURELS :
– La presse française, la revue de presse, l'actualité française et mondiale
TRANSVERSAUX :
– Les titres et les flashs d'informations. Limites de la traduction automatique.

Aptitudes :
– Compréhension orale des revues de presse vidéo
– Compréhension écrite des flashs d'information et des Unes des journaux.
– Production écrite de titres

Supports :
– France 2 : http://www.france2.fr/et http://revuedepresse.france2.fr/
– France 3 : http://revuedepresse.france3.fr/
– Libération : http://www.liberation.fr/: Actualité/la Une en Pdf
– France-soir : http://francesoir.quotidiano.net/
– La Croix : http://www.la-croix.com
– Le Progrès : http://www.leprogres.fr/
– L'Humanité : http://www.humanite.presse.fr/
– Le site Today's front pages : http://www.newseum.org/todaysfrontpages/

Description succincte :
Écoute des revues de presse sur plusieurs chaînes de télévision, comparaison avec les titres des journaux en ligne et avec les flashs du jour.

Production prévue :
Écrire des titres et des flashs d'information

Critères de réussite :
Réaliser des titres vraisemblables pour un journal français

Aides linguistiques en ligne :
Le passif : Le Point du FLE : http://www.lepointdufle.net : grammaire/passif
La nominalisation : Le Point du FLE : http://www.lepointdufle.net : noms/nominalisation

Prolongements :
Ateliers sur la presse : http://bjay.club.fr/atelpres.htm
Franc-parler, Travailler avec la presse : http://www.francparler.org/parcours/presse.htm
Le site CLEMI : http://www.clemi.org/ dans « se former » fiche 9, et « en liaison avec les médias »
Le journal en français facile : http://www.rfi.fr/, choisir « langue francaise »
Au cours des semaines suivantes, regarder quels sont les sujets qui se maintiennent. Comment évoluent-ils ?

Scénario de communication

Dispositif

Ce scénario se prête bien à un travail collectif en salle informatique, en présence de l'enseignant, les étudiants étant un ou deux par ordinateur. Les productions pourront alors être corrigées au fur et à mesure (surtout étapes 1 et 2) ou bien faire l'objet d'une publication sur un blog commun (étapes 3, 4 et 5).
Le scénario peut également se réaliser à distance, mais il demande alors plus d'autonomie aux apprenants (notamment en termes de compréhension). Les productions peuvent alors soit être envoyées à l'enseignant par courriel (surtout étapes 1 et 2), soit être publiées sur un blog commun (surtout étapes 3, 4 et 5).

Configuration matérielle

Vérifier que la vidéo est bien accessible sur les postes de travail.
Utilisation éventuelle d'un blog collectif.

Feuille de route

Revue de presse

1. La revue de presse et la « Une » des journaux

• Sur France 2 : http://www.france2.fr/, écoutez la revue de presse d'aujourd'hui (colonne de gauche : *Info/Revue de presse*)
1re écoute sans prendre de notes
2e écoute en prenant des notes
• Consultez la revue de presse de France 3 (en bas de l'écran) en prenant des notes.
• Regardez les Unes des quotidiens suivants :
http://www.liberation.fr/ : *Actualité/la Une en Pdf*
http://francesoir.quotidiano.net/
http://www.la-croix.com
http://www.leprogres.fr/
http://www.humanite.presse.fr/
• À partir de ces trois sources (France2, France3, les Unes), quels sont les titres de politique française qui reviennent le plus souvent ?
• Quels sont les titres de politique étrangère qui reviennent le plus souvent ?

2. Les Flashs d'infos

À partir de la page d'accueil de France 2, cliquez sur *Tous les Flashs*.
Regardez les flashs d'information d'aujourd'hui.
• Quels sont ceux formés :
– d'une phrase complète au présent, au passé ou au futur :
Exemple : La Banque de France prévoit une croissance de 0,5 % au 2e trimestre

– d'une phrase sans verbe :
Exemple : Le moral des ménages en nette dégradation
– d'un nom (thème) :
Exemple : Orages : alerte orange dans 25 départements
– d'une phrase passive :
Exemple : Quatre Italiens ont été tués dans un crash d'hélicoptère
– d'une phrase passive sans auxiliaire :
Exemple : Villepin reçu à l'Élysée
– d'une phrase infinitive :
Exemple : Vivre dans la peur du chômage
– d'une nominalisation à partir d'un verbe :
Exemple : Arrivée de Tony Blair à Luxembourg
– d'une interrogation :
Exemple : Y aura-t-il une diminution des impôts cette année ?
– d'un conditionnel :
Exemple : Livret A : le taux d'intérêt pourrait baisser à 2 % au 1er août

3. Les informations dans votre pays

• Cliquez sur « Europe et Monde » et cherchez des informations sur votre pays. Rédigez des titres de différentes manières et mettez-les sur le blog.
Vous pouvez aussi regarder les unes de vos journaux sur le site : http://www.newseum.org/todaysfrontpages/ dans l'onglet : *List by regions*.

4. Traduction

Sur le site de France 2, sélectionnez quatre informations dans *Flash Info*, copiez-les (Ctrl C), cliquez sur « Traduction » dans le bas du menu de gauche et collez vos titres (Ctrl V), sélectionnez le français comme langue d'origine et une langue que vous connaissez bien parmi les trois proposées (anglais, allemand, espagnol). Que pensez-vous des traductions ?
• Signalez aux autres étudiants sur le blog une traduction particulièrement absurde.

5. Votre revue de presse

• Rédigez un ensemble de flashs d'information (au moins six) couvrant bien l'essentiel des actualités du jour. Mettez-les sur le blog. Sélectionnez un de ces flashs et faites-en un titre accrocheur, pouvant figurer à la Une d'un quotidien.

Scénario 16

La photographie

Domaines : art, photographie — **Niveau :** B2, C1

Public : adolescents et adultes — **Durée :** 2 à 3 heures

Objectifs :
LANGAGIERS :
– Le passif, la nominalisation
SOCIOCULTURELS :
– La photographie française
TRANSVERSAUX :
– Recherche d'informations

Aptitudes :
– Compréhension écrite : lire l'historique de la photographie
– Production orale : jouer une scène
– Production écrite : écrire sur un blog, dialoguer sur un chat

Supports :
– Le site de Nicéphore Niépce http://www.niepce.com/.
– Le château d'eau : http://www.galeriechateaudeau.org/
– Monsieur Photo : http://monsieurphoto.free.fr
– Site sur la photographie : http://www.encore-la.com/
– Les Cahiers du cinéma : http://www.cahiersducinema.com/kitano.php3

Description succincte :
Après une prise de connaissance des grandes étapes de l'histoire de la photographie, les étudiants apprennent à analyser une photo et font connaissance avec sept grands photographes français.

Production prévue :
Description de photos
Fiche biographique d'un photographe

Critères de réussite :
La description des photos tient-elle compte du modèle ?
La fiche biographique est-elle complète ?

Aides linguistiques en ligne :
– Le passif : Le Point du FLE : http://www.lepointdufle.net : grammaire/passif
– La nominalisation : Le Point du FLE : http://www.lepointdufle.net : noms/nominalisation
– Vocabulaire de la photographie : http://membres.lycos.fr/fa1unn/dossier.html

Prolongements :
La maison européenne de la photographie : http://www.mep-fr.org/
Le palais de Tokyo : http://www.palaisdetokyo.com
La photographie pas à pas : http://photopazapa.ifrance.com/

Scénario de communication

Dispositif

Ce scénario peut se faire entièrement à distance ou bien en salle informatique avec l'enseignant. La simulation de l'étape 3 gagnera à être faite en classe, pour pratiquer l'oral. En cas de travail à distance, les productions peuvent soit être envoyées à l'enseignant par courriel, soit être placées sur un blog individuel (la feuille de route est conçue pour ce dernier cas de figure) ; la simulation de l'étape 3 peut se faire à l'oral en classe ou à distance par *chat*.

Configuration matérielle

Macromédia Flash player 8

Blog (un par étudiant), *chat* (éventuellement).

◗ Correction

Réponse question 3 : (groupe/couple/individu seul/photo de pied/portrait/)

Feuille de route

La photographie

1. Histoire de la photographie

Sur le site http://www.encore-la.com/, cliquez sur l'onglet *Techniques* et regardez *la chronologie de la photo du* XIXe *siècle*.

• Sur les 21 événements proposés, sélectionnez les huit qui vous paraissent les plus importants et présentez-les au passé passif.

• Mettez vos phrases sur votre blog.

Exemple : Le premier livre de photographie a été publié en 1842 par William Talbot.

Si vous voulez plus d'informations sur l'invention de la photographie, rendez-vous sur le site de Nicéphore Niépce : http://www.niepce.com/.

2. Analyse d'une photo

Sur le site http://www.galeriechateaudeau.org/, cliquez sur *Galeries de photographies* puis *Pédagogie* dans le menu de droite.

Puis lisez attentivement les explications des deux photos : *Paysage* et *Reportage*.

• Cliquez sur *Paysage*. Notez dans quel contexte ce vocabulaire spécifique à la prise de vue est utilisé :

Prendre une photo : ....

Le format : ....

Au premier plan, deuxième plan, en arrière-plan: ....

Noir et blanc: ....

Les valeurs de gris: ....

Les nuances: ....

Faire la mise au point: ....

Flou/net: ....

Image fixe: ....

• Regardez la présentation du *Reportage*, remarquez l'interprétation qui est faite de cette photo.
• Sélectionnez *Portrait*, commentez vous-même cette photo en vous aidant des descriptions des deux autres photos et en traitant ces différents points:
  – le cadrage
  – la composition
  – Le point de vue
  – Le titre
• Mettez votre commentaire de la photo sur le blog (ou envoyez-le par courriel à votre enseignant).

3. Yann Arthus-Bertrand

Biographie

Sur le site http://www.yannarthusbertrand.com/cliquez sur *1* puis *Bienvenue* et regardez la biographie du photographe dans *Coulisses* ainsi que les dates clés.
Yann Arthus-Bertrand se spécialise dans deux types de photos: les photos aériennes et les portraits.
• Quelles sont les contraintes de chacune ?

Portraits de Français

Dans *1* : *Portraits de Français*, regardez les photos de Yann Arthus-Bertrand et classez-les en trois catégories. Expliquez votre classement sur le blog.
Quelles sont d'après vous les cinq photos les plus représentatives des Français ? Pourquoi ?
• Mettez votre réponse sur le blog (avec le lien vers les photos choisies) et commentez les réponses des autres étudiants.

Simulation

Choisissez un personnage parmi les Français représentés. Imaginez sa personnalité, son emploi du temp. Vous êtes ce personnage.
• En classe: les personnages se rencontrent, que se disent-ils ? Jouez la scène.

• En ligne : dialoguez sur le *chat* avec deux ou trois autres personnages. Ne donnez pas votre identité tout de suite et essayez de deviner l'identité de l'autre personne.

4. Les grands photographes français

Sur le site http://monsieurphoto.free.fr, choisissez un photographe français parmi les six cités ci-dessous :

– Jean Dieuzaide
– Guy Le Querrec
– Henri Cartier-Bresson
– Jacques-Henri Lartigue
– Jeanloup Sieff
– Robert Doisneau

• Faites une fiche de présentation sur le blog en précisant les dates clés avec des nominalisations. Exemple : Naissance à... en...

– Ses débuts dans la photographie/sa formation
– Ses autres activités
– Les thèmes abordés
– Son style
– Son influence sur la photographie
– Les pays visités
– Les expositions
– Les prix obtenus

• Choisissez une photo de votre photographe.

– Donnez le titre et la date de la photo.
– Décrivez-la le plus précisément possible en utilisant les expressions vues à l'étape 2.
– Quelles impressions procure-t-elle ?

• Vous avez choisi cette photo pour illustrer :

– une pochette de CD
ou :
– une couverture de livre
ou :
– une affiche de film

• Décrivez le thème de la chanson, du livre ou du film et dites pourquoi cette photo a été choisie.
• Envoyez la photo, sa description et son objectif d'utilisation sur le blog.
• Laissez un message dans le livre d'or et dites ce que vous avez appris du photographe et quelles sont vos impressions.

5. Créez votre manga

Sur le site http://www.cahiersducinema.com/kitano.php3, vous allez écrire une histoire après avoir choisi 4 photos du cinéaste Takeshi Kitano. Publiez votre histoire sur le site des *Cahiers du cinéma* et lisez celles des autres étudiants.

Scénario 17

Choisir un métier

Domaines : les professions — **Niveau :** B2, C1

Public : adolescents, adultes — **Durée :** 3 h

Objectifs :
LANGAGIERS :
– Le lexique des professions, les partitifs
SOCIOCULTURELS :
– Contexte social des métiers en France, études professionnelles
TRANSVERSAUX :
– Écrire un CV, écrire une lettre de motivation

Aptitudes :
– Compréhension orale : des vidéos de métiers
– Compréhension écrite : fiches descriptives de métiers
– Expression écrite : décrire ses motivations pour un métier, rédiger CV et lettre de motivation

Supports :
– ONISEP : http://www.onisep.fr,
– Le dico des métiers : http://education.france5.fr/dicodesmetiers/,
– Un site de petites annonces : Paru Vendu : http://www.paruvendu.fr, http://emploi.france5.fr/
– Conseils pour la recherche d'emploi : http://emploi.france5.fr/

Description succincte :
S'informer sur les métiers, simulation de recherche d'emploi

Production prévue :
Présentation du métier choisi et des motivations sur un blog, rédaction du CV et de la lettre de motivation. Narration d'une journée de travail.

Critères de réussite :
Le CV et la lettre de motivation correspondent-ils aux normes ?

Aides linguistiques en ligne :
Révision du vocabulaire du travail :
– Le point du FLE : http://www.lepointdufle.net/ : recherche d'emploi, l'entreprise, vocabulaire : Au travail
– Tourdumonde : http://flenet.rediris.es/cours/ctdm.html

Prolongements :
La France pittoresque : http://www.france-pittoresque.com/ dans Chroniques d'autrefois/Métiers ancestraux
Le musée des Arts et métiers : http://www.arts-et-metiers.net/
Métiers insolites sur le site Choisir sa formation : http://www.maformation.com

En classe :
On peut faire simuler des entretiens d'embauche. Voir le scénario réalisé par des étudiants de maîtrise FLE : http://www.u-grenoble3.fr/fle-1-ligne/2004-2005/candidat/

Scénario de communication

Dispositif

Ce scénario est plus adapté à un travail individuel, le choix d'un métier étant quelque chose de très personnel. Il peut se réaliser en salle informatique, en présence de l'enseignant, ou bien de manière autonome à distance si les étudiants ont un niveau suffisant.

Dans tous les cas, les étapes 3, 5 et 7, après correction par l'enseignant, se prêtent bien à une publication sur un blog collectif, puisque *a priori*, les étudiants auront choisi des métiers différents. La fonction *Commentaires* du blog peut être utilisée pour faire réagir les étudiants aux publications des autres, éventuellement en endossant le rôle fictif d'un chef de personnel qui embauche.

L'enseignant voulant suivre de plus près le travail des étudiants peut demander à ce que la production de l'étape 1 lui soit présentée (à l'oral ou à l'écrit) ou envoyée (par courriel).

Configuration matérielle

Plug-in pour visionner les vidéos.

Un blog collectif.

Feuille de route

Choisir un métier

1. Décrire un métier

• Sur le site http://www.onisep.fr/, cliquez sur *Vidéos : métiers, portraits...* puis sur *De leur lieu de travail, des jeunes professionnels vous parlent de leur métier...* et choisissez un métier que vous aimeriez exercer parmi ceux présents dans la liste.

• Regardez la vidéo et lisez la fiche métier correspondante. Répondez aux questions suivantes en prenant des notes, vous aurez besoin de ces informations pour les étapes suivantes.

– En quoi consiste ce métier ?
– Quelles sont les conditions de travail ?
– Où travaille-t-on ?
– Quelles sont les qualités requises ?
– Quels sont les avantages de ce métier ?
– Quels en sont les inconvénients ?
– Quels sont les diplômes requis ainsi que les formations ?
– Combien de temps dure la formation après le bac ?
– Quel salaire pouvez-vous espérer gagner ?

2. Quiz

Sur la page d'accueil du site http://www.onisep.fr, cliquez sur *Quiz* et faites les 4 quiz : *Métiers : qui suis-je ?*

3. Les métiers selon vos goûts

Sur le site http://education.france5.fr/dicodesmetiers/
Regardez les expressions qui correspondent aux traits de caractère pour chaque catégorie de métier (en balayant avec la souris).
Exemple : j'ai la bougeotte, j'ai une âme de...
• Pourquoi voulez-vous exercer le métier choisi à l'étape 1 ?
• Expliquez votre motivation sur le blog en utilisant les expressions que vous avez vues. Tapez d'abord votre texte sur Word et utilisez le correcteur orthographique.

4. Les petites annonces

Sur le site http://www.paruvendu.fr ou sur le site France5 Emploi : http://emploi.france5.fr/, cherchez une annonce correspondant au métier que vous souhaitez exercer.

5. Curriculum vitae et lettre de motivation

• Sur le site http://emploi.france5.fr/, cliquez sur *CV* et, en suivant les conseils, rédigez votre curriculum vitae. Vous rédigerez aussi une lettre de motivation.
• Mettez la lettre et le CV sur le blog.
• Commentez la lettre et le CV de deux autres étudiants, comme si vous étiez celui qui embauche.

6. Les pages jaunes

• Regardez si de nombreuses personnes exercent votre métier à Lyon, Tours ou dans une autre ville de votre choix. Sur le site Pages Jaunes : http://www.pages-jaunes.fr, cliquez sur *Activité Guide* puis choisissez le domaine d'activité qui correspond à votre métier puis l'activité et enfin la ville.

7. Votre journée de travail

Vous avez obtenu le travail dont vous rêviez.
• Racontez votre première journée de travail sur le blog. Commentez la journée d'un autre étudiant.

Scénario 18

Les villes de France et les statistiques

Domaines : social, économique **Niveau :** B2, C1

Public : adolescents et adultes, FOS **Durée :** 3 heures

Objectifs :

LANGAGIERS :

– La comparaison, le démonstratif, l'interrogation

SOCIOCULTURELS :

– La société, la démographie, les villes de France et l'économie française

TRANSVERSAUX :

– Le sondage, demander un avis et donner son avis

Aptitudes :

– Compréhension écrite de données économiques
– Compréhension orale de chroniques économiques
– Production écrite : expression d'une opinion sur une ville

Supports :

– L'Internaute : http://www.linternaute.com/ville/
– L'entreprise : http://www.lentreprise.com/
– Sofres : http://www.tns-sofres.com/
– France Info : http://www.radiofrance.fr/chaines/france-info/accueil/

Description succincte :

Ce scénario permet d'apprendre à connaître une ville d'un point de vue économique et démographique.

Production prévue :

Donner son opinion sur une ville
Faire un sondage

Critères de réussite :

La description de la ville est-elle complète et bien documentée ?
Le sondage est-il bien construit ?
Le document audio choisi apporte-t-il un complément d'informations intéressant et en rapport avec le thème ?

Aides linguistiques en ligne :

– La comparaison : Le Point du FLE : http://www.lepointdufle.net : grammaire/comparaison
– Le démonstratif : Le Point du FLE : http://www.lepointdufle.net : grammaire/démonstratif
– L'interrogation : Le Point du FLE : http://www.lepointdufle.net : grammaire/interrogation

Prolongements :

Lecture de l'article sur le palmarès des villes : http://www.lentreprise.com/palmares-villes/2004/
Sur le site de TV5 : http://www.tv5.org dans *Cités du monde*, s'inspirer des fiches : Économie, Éducation et formation, Population, Urbanisme.
Sur le site http://www.tf1.fr tapez « démographie » et écoutez le reportage : *Les Français ont un meilleur niveau de vie qu'il y a trente ans*.

Scénario de communication

Dispositif

Le scénario peut se réaliser en salle informatique en présence de l'enseignant ou bien à distance.

Configuration matérielle

Pouvoir télécharger un fichier Pdf

Pouvoir écouter un fichier son.

Corrigé

Etape 5 : les questions correspondant au sondage sont dans le fichier pdf à télécharger en bas de la page.

Feuille de route

Les villes de France et les statistiques

Sur le site http://www.linternaute.com/ville/, entrez le nom de la ville sur laquelle vous aimeriez avoir des informations. Chaque étudiant choisit une ville différente.

1. Votre ville et la moyenne nationale

Comparez :

– sa densité de population avec celle de la moyenne nationale,

– son taux de chômage avec celui de la moyenne nationale,

– sa population active par rapport à la moyenne nationale et au taux de chômage,

– son revenu moyen par ménage avec celui de la moyenne nationale,

– sa population en 1990 et 1999,

– les catégories professionnelles entre elles. (Cliquez sur l'onglet *Éducation et emploi*),

Affichez les comparaisons et un tableau récapitulatif sur le blog.

2. Votre ville comparée aux villes des autres étudiants

• Comparez sur le blog votre ville à d'autres villes choisies par les étudiants sur quatre critères au moins.

3. Entreprises et services

Cliquez sur l'onglet *Entreprises et services*.

• Comparez le chiffre d'affaires de l'entreprise la plus importante de la ville avec celui de la troisième entreprise, de la 10e, de la dernière dans le classement :

Exemples : le chiffre d'affaires de la dernière entreprise du classement est 20 fois inférieur à celui de la première entreprise.

Le chiffre d'affaires de la SAMSE est 3 fois plus important que celui de TEISSEIRE-France

Parmi les 5 premières entreprises, choisissez-en une et recherchez les informations suivantes à partir d'un moteur de recherche. Vous pouvez aussi vous aider du site : http://www.lentreprise.com/, *Fiches entreprises* (menu à gauche)

– Quel est le secteur d'activités ?
– Où est le siège social ?
– Cette entreprise a-t-elle des filiales ?
– Quel est l'effectif ?
– Quelle est l'histoire de cette entreprise depuis sa création ?
– Le chiffre d'affaires correspond-il à celui annoncé sur le site précédent ?
– L'entreprise est-elle cotée en bourse ? Si oui, depuis quand et quel est le cours du titre ?
– Faites une présentation complète de l'entreprise sur le blog.

4. Votre avis sur votre ville

• Si vous habitez en France ou si vous avez déjà séjourné en France, faites le questionnaire dans *Votre avis*. Puis dans *Vos témoignages*, expliquez les raisons de votre opinion sur cette ville. Envoyez le tout à votre professeur avec la fonction : *Envoyer à un ami*.

5. Les Français et la ville

• Sur un moteur de recherche, tapez : « Sofres les Français et la ville ». Lisez le compte rendu de sondage et retrouvez les questions qui ont été posées. Mettez-les sur le blog.

6. La chronique de l'économie

Sur le site de France Info : http://www.radiofrance.fr/, cliquez sur *France Infos/Chroniques/Economie*. Recherchez dans les chroniques proposées un communiqué audio en rapport avec les points que vous venez de traiter et qui vous paraît particulièrement intéressant.

• Indiquez-le aux autres étudiants en envoyant le lien sur le blog.

Scénario 19

Arsène Lupin

Domaines : Cinéma, littérature — **Niveau :** B2, C1

Public : adolescents et adultes — **Durée :** entre 3 et 5 h

Objectifs :
LANGAGIERS :
– La description physique et morale, exprimer une critique positive ou négative sur un film, la négation, la localisation, les temps du passé
SOCIOCULTURELS :
– La littérature (roman policier) et le cinéma français, la région normande
TRANSVERSAUX :
– Écrire une carte amicale, écrire à un personnage fictif

Aptitudes :
– Compréhension écrite de différentes présentations d'Arsène Lupin et de critiques du film.
– Compréhension orale de documents authentiques : interviews de l'acteur principal, d'extraits du film
– Expression écrite : écrire une lettre de demande d'informations, écrire une carte postale

Supports :
– Site avec extraits littéraires http://www.parutions.com
– Site consacré à Maurice Leblanc : Le Clos Arsène Lupin : http://www.arsene-lupin.com/
– Site avec extraits de films et synopsis : Allociné : http://www.allocine.fr/
– Les reportages vidéo TF1 : www.tf1.fr.
– Écrire à un personnage célèbre : Dialogus : http://www.dialogus2.org
– Site de la ville d'Étretat : http://www.etretat.com

Description succincte :
Découvrir Arsène Lupin, surnommé le « Gentleman cambrioleur », grâce à des résumés du roman de Maurice Leblanc et par des extraits du film. Faire connaissance avec l'acteur principal.

Production prévue :
À partir d'arguments pour ou contre le film, discuter l'intérêt d'aller le voir.
Décrire une journée en se mettant à la place d'Arsène Lupin.
Écriture d'une lettre à Arsène Lupin.
Écriture d'une carte postale après une visite à Étretat.

Critères de réussite :
Les activités de production écrite sont-elles d'un niveau B2 ?

Aides lexicales en ligne :
Le corps, le visage : http://lexiquefle.free.fr et http://www.imagiers.net/

Prolongements :
Écouter les deux chansons de Jacques Dutronc : « L'Arsène » et « Gentleman cambrioleur ».
Faire lire des extraits des romans de Maurice Leblanc, si possible *La Comtesse de Cagliostro*.
Lire : « Portrait croisé Maurice Leblanc/Arsène Lupin » :
http://archives.arte-tv.com/thema/arsene/ftext/portrait.htm
Visionner le film Arsène Lupin de Jean-Paul Salomé, 2004, en DVD.

Scénario de communication

Dispositif

Toutes les étapes se font devant un ordinateur, soit en autonomie (si les étudiants en sont capables), soit en salle informatique en présence de l'enseignant. Les réponses à l'étape 2 peuvent se faire sur papier (puis être remises à l'enseignant) ou être envoyées directement à l'enseignant par courriel. Le travail peut se faire seul (sauf 2 f qui prévoit un *chat* ou un dialogue entre deux étudiants) ou en binôme. Une séance en présentiel en amont ou en aval permet de visionner le film.

L'ensemble du scénario peut éventuellement se réaliser à distance.

Configuration matérielle

Utilisation du blog, éventuellement de Yahoo ou MSN Messenger.

Visionnement si possible du DVD.

Les étudiants doivent avoir une adresse Internet.

◗ Corrections

2. a les personnages

Comment décririez-vous :

– Arsène : délicat, voleur, cambrioleur, insouciant, magicien, séducteur, joueur, malin, déduisant, dragueur, charmeur, passionné

– La comtesse : un charme mystérieux, sans âge, diabolique, amoureuse, voleuse, ensorcelante,

– Clarisse : pure, amoureuse, volontaire, patiente,....

2. b Interview

Quelle a été sa préparation pour le rôle ? Il n'a pas vu les autres films, pas lu les livres.

Il a appris le cheval, la boxe, pris des cours d'épée, de danse.

Production d'une étudiante

Exemple d'une lettre envoyée par une étudiante japonaise :

Cher Monsieur Lupin,

Au Japon, un film d'animation sous forme de feuilleton intitulé *Lupin 3* est très populaire. C'est l'histoire de votre petit-fils. C'est une œuvre de fiction qui captive non seulement les enfants mais aussi les adultes. Lupin 3 est aussi un cambrioleur et un gentleman comme vous. Qu'est-ce que vous en pensez ? Êtes-vous satisfait d'avoir un petit-fils hors-la-loi ?

Avec mes salutations les plus sincères, j'attends votre réponse

Ayako Hamada

Généralisation du scénario

Le même type de scénario peut être utilisé pour découvrir un personnage fictif ou réel par des extraits d'œuvres qui lui sont consacrés (roman ou film). Exemples : Tintin, Corto Maltese, Nestor Burma, D'Artagnan, Cyrano, Vincent Van Gogh, etc.

Supports

Le site Allociné : http://www.allocine.fr/ site avec extraits de films et synopsis.
Pour les biographies d'acteurs : http://www.cinefil.com/
Site avec résumé d'œuvres littéraires, bandes dessinées, http://www.parutions.com
Site avec reportages vidéo TF1 : www.tf1.fr.
Pour écrire à un personnage célèbre : Dialogus : http://www.dialogus2.org

Plan général (modifiable selon le personnage et les œuvres auxquelles il a donné lieu)
1. L'œuvre : extrait ou résumé de l'œuvre, de la bande dessinée, quelques tableaux ou extraits musicaux
2. Le film
3. La région

Feuille de route

Arsène Lupin

1. L'œuvre littéraire

Le film *Arsène Lupin* est tiré de *La Comtesse de Cagliostro*, un des nombreux romans policiers écrits par Maurice Leblanc.

Qui est Arsène Lupin ?

Sur le site http://www.arsene-lupin.com/, allez dans : *Le monde d'Arsène Lupin* puis dans : *Le personnage*, lisez la présentation d'Arsène Lupin.

La comtesse de Cagliostro

Sur le site : http://www.parutions.com, tapez « Cagliostro » dans la recherche. Lisez la page qui résume ce livre de Maurice Leblanc.

2. Le film

Les films

Sur le site http://www.allocine.fr/ tapez : « Arsène Lupin », recherchez les informations suivantes :
- Combien de films ont été tournés sur Arsène Lupin ?
- De quand date le dernier ?

Les personnages

Lisez le synopsis et regardez les *Making-of*. Comment décririez-vous :

– Arsène :..

– La comtesse :..

– Clarisse :...

L'acteur principal

Biographie

• Recherchez et lisez la biographie de l'acteur principal Romain Duris.

Interview

• Cliquez sur *Bandes annonces* du film Arsène Lupin puis écoutez l'interview de Romain Duris.

• Quelle a été sa préparation pour le rôle ?

Extraits du film

Regardez la bande annonce et les vidéos du film Arsène Lupin.

Les critiques

Lisez quelques critiques de la presse et des spectateurs.
Relevez les éléments positifs et négatifs du film.

Éléments positifs	Éléments négatifs
Ex : Les effets spéciaux	La longueur du film

• Relevez des expressions exprimant des critiques positives et négatives.

Critiques positives	Critiques négatives
Ex : Du grand spectacle à la sauce de chez nous.	On s'ennuie.

On va voir le film ?

À l'oral ou par chat, discutez avec un autre étudiant : l'un d'entre vous a envie d'aller voir le film, l'autre non. Servez-vous des critiques trouvées en **e.**

Racontez

Vous êtes Arsène Lupin. Imaginez une journée dans la peau d'Arsène Lupin. Racontez-la sur le blog. Comparez avec les autres étudiants.

Écrire à Arsène Lupin

Sur le site http://www.dialogus2.org, recherchez « Arsène Lupin ». (Édition/ Recherchez dans cette page...)

Ces lettres ont été envoyées par des internautes à Arsène Lupin qui leur a répondu. Lisez celles intitulées : *Au cinéma* et *Que pensez-vous de votre film ?*.

• À votre tour, qu'avez-vous envie de dire ou de demander à Arsène Lupin sur lui ou sur un des personnages du film ou des livres ? Écrivez-lui. Peut être aurez-vous la chance de recevoir une réponse personnelle d'Arsène Lupin dans quelques semaines.

La région d'Arsène Lupin
Vous décidez de visiter Étretat et sa région à la recherche du monde d'Arsène Lupin.

L'univers retrouvé d'Arsène Lupin
• Sur le site Tf1 http://www.tf1.fr : recherchez vidéo : « Arsene Lupin ».
Regardez la vidéo : *cinéma : l'univers retrouvé d'Arsène Lupin à Étretat.*

Carte virtuelle d'Étretat
• Sur le site http://www.etretat.com, regardez les photos d'Étretat où se passent les aventures d'Arsène Lupin. Lors de votre visite vous envoyez à votre professeur une carte postale virtuelle où vous parlez de vos découvertes.

Scénario 20

Le plus grand Français de tous les temps

Domaine : personnages célèbres — **Niveau :** B2 et plus

Public : adultes, adolescents à partir de 16 ans — **Durée :** 3-4 heures

Objectifs :

LANGAGIERS :

– La cause, les temps du passé, le texte narratif et descriptif, description physique et morale

SOCIOCULTURELS :

– Les Français célèbres

TRANSVERSAUX :

– Faire un exposé, la biographie, argumenter

Aptitudes :

– Compréhension orale de documentaires vidéo
– Compréhension écrite de biographies détaillées
– Production orale : présentation d'un Français célèbre
– Production écrite : lettre de félicitation

Supports :

– Le site *Wikipedia* pour rechercher des informations :
http://fr.wikipedia.org/wiki/Les_plus_grands_français
http://fr.wikipedia.org/wiki/100_Greatest_Britons
– Les comptes rendus des sondages français et belge : http://programmes.france2.fr/leplusgrand-francais/, http://lesplusgrandsbelges.rtbf.be/,
– Un site pour écrire aux personnalités : http://www.evene.fr,

Description succincte :

« Le Plus Grand Français de tous les temps » est une émission de France 2 qui a eu lieu en 2005. Adaptée de l'émission britannique « 100 Greatest Britons », elle avait pour but de déterminer les cent Français, puis les dix Français les plus importants de tous les temps. Ce scénario demande aux étudiants de confronter leurs propres choix avec ceux des téléspectateurs.

Production prévue :

Exposé oral sur un Français célèbre. Lettre au Français célèbre.

Critères de réussite :

La présentation du Français choisi est-elle complète et convaincante ?
Les messages envoyés aux personnages célèbres sont-ils corrects et cohérents ?

Aides linguistiques en ligne :

– La cause : Le point du FLE : http://www.lepointdufle.net/p/relationslogiques.htm
– Les temps du passé : http://www.francais-affaires.com/
– Le texte argumentatif : http://www.site-magister.com/

Prolongements :

Étudier le texte « Interview de l'abbé Pierre » présenté avec des questions fermées et ouvertes et des pistes de discussion sur le site Internet Actuel :
http://www.vanin.be/nl/html/sec/uitgaven/frans/internetactuel/ ou sur un moteur de recherche tapez : « Interview de l'abbé Pierre internetactuel »

En fonction des nationalités de la classe, on peut trouver les classements des Africains du Sud, des Anglais, des Allemands, des Américains, des Canadiens, des Finlandais, des Néerlandais sur le site *Wikipedia* : http://fr.wikipedia.org tapez « 100 Greatest Britons ».

Scénario de communication

Dispositif

Ce scénario peut se réaliser en salle informatique avec l'enseignant ou bien à distance. La confrontation entre les choix des étudiants est particulièrement importante pour les étapes 1, 2 et 6 : elle peut se faire oralement dans le cas du présentiel et par blog collectif en cas de travail à distance. Pour les étapes 3 et 4, il s'agit plus de mutualiser les productions. Les réponses à l'étape 5 peuvent être transmises à l'enseignant pour vérification.

Configuration matérielle

Utilisation d'un blog collectif (un audioblog si le son est utilisé) dans le cas de la distance.

Vérifier que les vidéos du site de France 2 sont bien visibles sur les ordinateurs qu'utiliseront les étudiants.

Feuille de route

Le plus grand Français de tous les temps

« Le Plus Grand Français de tous les temps » est une émission télévisée qui avait pour but de déterminer les cent Français, puis les dix Français les plus importants de tous les temps. On va confronter votre opinion (et celle de votre classe) avec celle des téléspectateurs.

1. Les 10 Français les plus connus dans votre pays

• Quels sont, d'après vous, les 10 Français les plus connus dans votre pays ? Proposez les noms par ordre d'importance (du plus au moins important).

• Présentez votre liste aux autres étudiants en classe ou sur le blog et comparez vos résultats. Quel est le nom qui revient le plus souvent ? À votre avis, pourquoi ?

2. Soutenez la candidature de votre Français préféré

• Sur un moteur de recherche tapez : « le plus grand Français France 2 ».
Choisissez celui des dix personnages sélectionnés que vous préférez et regardez sa biographie ainsi que la vidéo.

Pour plus d'informations sur le personnage choisi, tapez son nom sur Google. Prenez des notes.
Vous pouvez aussi aller sur le site *Wikipedia* : http://fr.wikipedia.org et taper « le plus grand Français ».
• Vous présenterez cette personne à l'oral aux autres étudiants (5 minutes maximum). En cas de travail à distance, faites un article de blog sur cette personne en accompagnant le texte d'images et d'un fichier son que vous enregistrerez (1 à 2 min). Dans les deux cas, votre présentation a pour but de convaincre les autres étudiants de voter pour lui.
• À la fin de toutes les présentations, la classe vote.

3. Envoyez un message à votre Français préféré

• Sur le site http://www.evene.fr dans *Célèbre and Co*, tapez le nom de votre personne célèbre, inscrivez-vous sur le site.
Envoyez-lui un message pour le féliciter d'être parmi les 10 premiers, en vous adressant directement à lui ou elle. Faites une copie de ce message à votre professeur dans la partie *Faites découvrir... à un ami*. Faites également une copie dans le blog pour que les autres étudiants puissent lire votre lettre.

4. Offrez-lui un cadeau

Sur le site http://www.evene.fr et dans *Evene Boutique*, vous allez choisir un cadeau à offrir à votre personnage.
• Indiquez le cadeau choisi et justifiez votre choix sur le blog. Comparez avec les autres.

5. Qui est qui ?

Parmi les 100 Français sélectionnés, trouvez : un chanteur ; un sportif ; un peintre ; un poète ; une psychologue ; une actrice ; un homme politique ; un/une scientifique ; un écrivain ; un roi ; un président de la république.

6. Et ailleurs...

Quels sont les 5 personnages les plus connus de votre pays ?
• Envoyez la liste sur le blog. Faites des commentaires ou posez des questions sur les listes des autres étudiants (avec la fonction *Commentaires*).

Vous connaissez certainement des Belges ?
Rendez-vous sur le site http://lesplusgrandsbelges.rtbf.be/
• Indiquez sur le blog les Belges que vous connaissez. Comparez avec les autres étudiants.

Bibliographie

Albero, Brigitte (2000), *L'autoformation en contexte institutionnel, Du paradigme de l'instruction au paradigme de l'autonomie*, Paris, L'Harmattan.

Barbot, Marie-José (1998, coord.), *Études de linguistique appliquée* 112, « Ressources pour l'apprentissage : excès et accès », Paris, Didier érudition.

Barbot, Marie-José (2000), *Les auto-apprentissages*, Paris, CLE International.

Barbot, Marie-José et Lancien, Thierry (2003, dir.), *Médiation, médiatisation et apprentissages*, Notions en questions en didactique des langues, Lyon, ENS Editions.

Besse, Henri et Porquier, Rémi (1984), *Grammaires et didactique des langues*, Crédif, Hatier/Didier, collection LAL.

Bouchard, Robert et Mangenot, François (2001, dir.), *Interactivité, interactions et multimédia*, Notions en questions en didactique des langues, Lyon, ENS Editions.

Bouchard, Robert (1985), « Le texte, de phrase en phrase », *Le Français dans le monde* 192 (avril 1985), Grammaire de texte, p. 65-71, Paris, Hachette-Larousse.

Castells, Manuel (2001), *La galaxie Internet*, Paris, Fayard.

Conseil de l'Europe (2000), *Cadre européen commun de référence pour les langues*, « Apprendre, enseigner, évaluer », Paris, Didier.

Cuq, Jean-Pierre (2003, coord.), *Dictionnaire de didactique du FLE*, Paris, CLE International.

Custers, Giedo, Pâquier, Evelyne, Rodier, Christian (2004), *Internet, 150 activités, Niveau intermédiaire*, Paris, CLE International.

Debyser, Francis (1996, rééd.), *L'Immeuble*, Paris, Hachette.

Demange-Ducrot, Christelle, *FDM* n° 342, nov-dec 2005, « La veille documentaire », p. 33-35, Paris, Clé International.

Develotte, Christine et Pothier, Maguy (2004, dir.), *La notion de ressources à l'heure du numérique*, Notions en questions en didactique des langues, Lyon, ENS Editions.

Ellis, Roy (2003), *Task-based language learning and teaching*, Oxford University Press.

Flichy, Patrice (2001), *L'imaginaire d'internet*, Paris, Editions La Découverte.

Furstenberg, Gilberte (1997), « Scénarios d'exploitation pédagogique », in Oudart, p. 64-75.

Furstenberg, Gilberte, Levet Sabine, English Kathryn, Maillet Katherine (2001), « Giving a Virtual Voice to the Silent Language of Culture : The *Cultura* Project », *Language Learning & Technology* Vol. 5, n° 1., revue en ligne : http://llt.msu.edu.

Garcia-Debanc, Claudine (1986, éd.), *Objectif écrire*, Mende, CDDP de la Lozère.

Glikman, Viviane (2002), *Des cours par correspondance au « e-learning »*, Paris, Presses universitaires de France.

Lancien, Thierry (1998), *Le multimédia*, Paris, CLE International.

Legros, Denis et Crinon, Jacques (2002, éd.), *Psychologie des apprentissages et multimédia*, Paris, Armand Colin (coll. Université).

Mangenot, François (2000), Quelles tâches dans ou avec les produits multimédias ? *Triangle* 17, *Multimédia et apprentissage des langues*, p. 65-80, Fontenay/Saint-Cloud, ENS-Editions.

Mangenot, François (2000), « L'intégration des TIC dans une perspective systémique », *Les langues modernes* 3/2000, p. 38-44, Paris, APLV.

Mangenot, François (2000), « Contexte et conditions pour une réelle production d'écrits en ALAO », *Alsic* Vol.3, n° 2, revue en ligne : http://alsic.org

Mangenot, François et Moulin, Christine (2000), « Apprentissages lexicaux et technologies de l'information et de la communication », *Lidil* 21 (juillet 2000), p. 121-139, revue de linguistique et de didactique des langues, Université Stendhal-Grenoble 3.

Nunan, David (1989), *Designing tasks for the communicative classroom*, Cambridge University Press.

Oudart, Pierre (1997, coord.), *Le Français dans le monde, Recherches et applications* (juillet 1997), « Multimédia, réseaux et formation », Paris, Hachette-EDICEF.

Schcolnik, Miriam et Kol, Sara (1999), « Using Presentation Software to Enhance Language Learning », *The Internet TESL Journal*, Vol. V, n° 3 (mars 1999). http://www.aitech.ac.jp/~iteslj/

Vetter, Anna (2004), « Les spécificités du tutorat à distance à l'Open University : enseigner les langues avec *Lyceum* », *Alsic* Vol. 7, Num. 2, revue en ligne : http://alsic.org.

Yaiche, Francis (1996), *Les simulations globales : mode d'emploi*, Paris, Hachette.

N° d'éditeur : 10140730 - Février 2007
Imprimé en France par EMD S.A.S. – 53110 Lassay-les-Châteaux – N° d'imprimeur : 16895